위기의 한국 정치와 공화주의 대안

일러두기

- 외래어 표기는 현행 어문규정의 외래어표기법을 따랐습니다.
- 이 책은 〈동향과 전망〉 119호, 120호, 121호, 123호, 124호에 실린 내용을 재편집하여 발간하였습니다.
- 제4장과 제5장은 본문의 논의를 보완하는 참고 자료로 덧붙인 것입니다.

위기의 한국 정치와 공화주의 대안

안병진 · 임채원 · 장은주 · 정상호 · 채진원

위기의 한국 정치와 공화주의 대안

지은이 안병진 · 임채원 · 장은주 · 정상호 · 채진원
펴낸이 박영률

초판 1쇄 펴낸날 2025년 7월 1일

박영률출판사
출판등록 제313-1997-000018호(1997년 2월 13일)
02880 서울시 성북구 성북로 5-11
전화(02) 7474 001, 팩스(02) 736 5047
commbooks@commbooks.com
www.commbooks.com

ISBN 978-89-5887-247-4 03340

책값은 뒤표지에 표시되어 있습니다.

새 공화주의 대안 기획을 시작하며

세계가 혼란에 빠져 있고 나라는 분열되어 있다. 우리는 충돌과 쇠락을 막기 위한 사상과 정책이 필요하다고 생각한다. 이에 '새 공화주의(New Republicanism)' 대안을 제기하고자 한다.

우리가 새로운 사상과 대안을 논의하려는 것은 실천적 정치경제학을 재구축하려는『동향과 전망』의 창간 정신에 맞닿아 있다.『동향과 전망』창간(1988)은 1980년대 후반의 경제성장과 민주화체제 형성, 글로벌화의 진전과 사회주의권의 격동에 대응하려는 이론적 실천의 소산이었다. 2010년대 중반 이후에는 1980년대 말 이상의 대변동이 벌어지고 있다. 미 · 중 경쟁 속에서 동아시아 · 한반도에서의 갈등이 진전되고 있다. 국내적으로는 1987년 체제의 점진주의 균형이 무너지고 발전주의 모델은 내외의 한계에 부딪쳤다. 다시 새로운 정치경제학이 절실하게 필요해진 시점이다.

이에 우리는 혼란과 분열에 대응하는 체제적 대안으로 '새 공화주의'를 구성하는 실험을 시작하려 한다. 자유주의와 사회주의는 근대 세계체제의 핵심 사상인데, 사회주의는 실패했고 이제 자유주의 역시 세계질서를 규율하지 못하고 있다. 사회민주주의도 퇴조하고 있고, 동아시아 발전주의 모델도 제대로 작동하기 어렵다. 특히 한반도 분단체제는 사상의 부재 · 결핍과 계층 · 지역 · 세대의 분열을 심화하였다.

혼란 속에서 국가 · 사회는 방향을 잃고 타락과 와해의 길로 치달을 수 있다. 이제 다시 '공동의 것(res publica)'을 세우는 사상과 실천이 절박하게 필요해졌다. 우리는 '공동의 것'을 추구하는 공화주의가 새로운 사상 실천의 출발점이 될 수 있다고 본다. 공화주의는 근대 자유주의 · 사회주의 이전의 원류적 사상이며 서구와 동아시아에 모두 뿌리를 두고 있다.

이에 우리는 그간의 공화주의 논의를 다시 공부하면서 미래적 관점의 체제 요소와 대안을 모색하고자 한다. 그간의 공화국 체제 논의에서 좀 더 나아가 그 내포와 외연을 심화 · 확장하는 노력을 모아나가려고 한다. 우리의 사상적 실험이, 새로운 질서의 벽돌이 될 수 있기를 감히 희망해 본다.

2025년 6월 10일

『동향과 전망』 편집위원장 이일영

새 공화주의 정치연합을 위하여

마침내 내란 정국이 막을 내리고 국민주권정부를 전면에 내건 이재명 행정부가 탄생했다. 역대 두 번째로 높은 79.4%의 투표율과 "위대한 대한민국의 훌륭한 도구가 되겠다"고 공언한 이재명 후보의 당선은 대한민국 민주주의의 회복탄력성을 여실히 보여주었다. 선거에서 확인한 민의는 내란 심판과 새로운 대한민국에 대한 열망으로 집약할 수 있다. 이는 한국 정치가 감당해야 할 이중의 과제다. 한국 정치는 어려운 현실의 과제를 지혜롭게 해결해 나가면서 새로운 미래를 열어가는 새 정치질서를 구축할 수 있을까?

대전환의 정치질서를 구축한다는 목표는 단지 어느 정치세력이 집권했는가의 문제를 넘어선다. 최소한 향후 10~15년의 정치 사이클 속에서 일관되게 관통할 새로운 사상과 가치, 그리고 이에 근거한 공고하고 폭넓은 정치연합이 형성될 때 비로소 정치질서의 대전환이 이루어질 수 있다. 우리는 대전환의 정치질서를 '새 공화주의 정치연합(New Republican Political Coalition)'이라 규정한다.

이제 최소한 2040년은 물론이고 나아가 2050년까지의 시야가 필요하다. 왜 그런가? 지금부터 2050년까지의 시간은 인류 역사상 전례 없는 속도와 폭으로 지구 행성 조건, 초격차 기술 및 국내외 질서가 흔들리는 이행의 시기이기 때문이다. 기후위기, AI의 티핑 포인트로의 근접, 지구적 수축 사회 국면 등 세 가지 변수만으로도, 인류는 처음 겪는 새로운 도전과 기회를 동시에 맞이하고 있다. 그 이행의 끝은 아직 알 수 없다. 그러나 분명한 것은, 위와 같은 결정적 변수들이 존재하지 않았던 시기에 구축된 사유 체계와 정치질서가 모든 영역에서 오작동을 일으키기 시작했다는 점이다.

우리는 향후 이 오작동을 고치고 나아가 지속 가능한 정치 사이클을 만들어 갈 사상적 등대를 새로운 공화주의로 규정한다. 왜 그런가? 고전적인 의미에서, 공화주의란 큰 줄기는 모든 영역에서 자의적 지배를 방지하고 공존공영의 국내외 질서를 구축하고자 하는 오랜 사상적 전통이라 할 수 있다. 그런데 2024년 12월 비상계엄 이후 2025년 현재까지 한국 사회를 관통하는 중요한 키워드는 국민주권이다. 이는 시민이 중심이 된 민주주의를 의미한다. 시민 민주주의는 단지 선거에서 내란 세력을 심판하는 것을 넘어 보다 풍부한 의미로 확장되어 나가야 한다. 공화주의 전통은 시민들의 일상적이고 능동적 참여, 공동체 정체성, 민주적 헌정주의, 견제와 균형, 시민교육 등 새로운 정치 체제 구성의 귀한 지적 자원을 제공해 왔다.

흔한 오해와 달리 공화주의의 전통적 자원은 단지 서구로부터의 수입된 사상에 국한되지 않는다. 과거 정여립의 대동사상과 그 이후 최제우의 동학, 조소앙의 삼균주의 등에는 깊은 민주 공화주의의 사유가 뿌리내려 있다. 현대에 들어와 한국 정치를 민주주의로 이행시킨 민주화운동은, 서구적 교육을 받은 엘리트 학생들의 전혀 새로운 흐름이라기보다는 이러한 오랜 사상적 전통 및 실천의 축적과 맥에 직간접으로 닿아 있는 것이라고 볼 수 있다.

이제 이 공화주의 전통은 21세기 문명적 전환의 조건 속에서 새로운 '건립의 사유(Founding Mentality)'로 부단히 재구성되어야 한다. 오늘날 전 세계의 자유주의, 헌정주의, 민주주의는 공고화되기는커녕 오히려 실존적 위기에 빠져 있다. 대한민국은 흔히 '죽음의 키스'라고 불리는 미국 대통령제를 수입했음에도 불구하고 87년 민주화 이행 이후에는 거의 예외적으로 민주헌정주의 질서를 지켜온 나라로 평가되어 왔다. 그러나 다시 비상계엄을 겪은 오늘날 더 이상 대한민국도 위기의 예외 지대라고 평가하기는 어렵다.

놀라운 시민 민주주의의 저력으로 급한 불은 껐지만, 이 과정에서 그간 본격 논의되지 못한 수많은 취약점들이 노출되었다. 예를 들어 대통령의 예외적 비상 통치나 이에 무기력하게 순응하는 일부 엘리트 집단들의 문제가 발생했다. 이러한 '비상사태'의 진행을 촘촘히 견제하고 시민의 민주적 통제로 예방하는 것은 기존 주류 담론에서의 개헌과 개혁 논쟁 등에서 거의 등장하지 못했던 이슈들이다. 우리는 이제 모든 질서의 취약점이 드러나는 전환적 시점에서 이를 공화주의의 깊은 사유 저수지를 통해 재해석하고 대안을 구상할 필요가 있다.

아울러 기존의 오랜 취약점에 대한 진단과 처방을 넘어 기후위기, 수축 사회, AI 초격차 등 이미 도래한 '장기 비상사태'에서 정치질서는 어떠한 새로운 사유와 설계도를 요구하는가 하는 질문에 대해서도 답해야 한다. 예를 들어 공화주의 핵심 개념인 비지배와 자유는 과연 초격차 기술과 디지털 기술주의 사회에서 인간의 존엄성을 어떻게 보장할 수 있을지를 탐구해야 한다.

이 책은 아직 이러한 난제들에 대해 공화주의자로서의 명료한 답을 가지고 있지는 않다. 다만 새로운 해법을 쉽게 말하기에 앞서서 기존 정치적 위기에 대한 단순한 정세 평가를 넘어선 사상 차원의 성찰에서 출발하고자 할 뿐이다. 지난 수십 년 간 한국 정치에 대한 비판적 정치평론과 개헌 해법들은 많았지만 이를 사상적으로 체계적으로 파헤치며 새로운 전환의 사유구조를 만들어 가고자 하는 노력은 여전히 빈곤하다.

정세 논의를 넘어서고자 하는 이 책의 취지에 따라 먼저 정상호는 공화주의 사상 논쟁을 제기한다. 그는 지난 윤석열 행정부 시기에 본격적으로 싹튼 보수·중도 진영 내 공화주의 논의를 진보적 시각에서 비판적으로 점검하면서 향후 공화주의 사상 진영에 피어날 발전적 논쟁의 씨앗을 제기하고 있다. 장은주의 글은 정세 논의를 넘어 사상이 왜 구체적 이슈를 들여다보는 등대가 되는지를 생생하게 보여 주고 있다. 오랫동안 한국의 민주공화주의 사상의 형성이라는 화두에 매진해 온 그는 역사적 경로의존성과 정치문화 속에서 검찰 통치가 출현하는 맥락을 분석하고 있다. 임채원은 상상력의 지평을 넓혀 정상호와 장은주의 정치학적 논의를 동아시아 사상 차원의 지적 조류와 접맥하고 이를 제도적 대안 논의의 씨앗으로 발전시키고자 한다.

이 책의 후반부에는 독자들의 참고를 위해 안병진과 채진원의 글을 실었다. 윤석열 행정부 초기에 작성했던 안병진의 글은 당시 공화주의 핵심 개념인 자의적 지배 억제의 관점에서 검찰의 통치양식을 분석하고 있다. 채진원은 정상호의 진보적 공화주의 사상 제기에 대해 오히려 그 문제의식이 공동체주의와 맞닿아 있다는 반론을 제기한다. 이 두 개의 참고 글을 장은주의 검찰통치 및 정상호의 진보적 공화주의 글과 함께 읽는다면 향후 공화주의 논의를 보다 논쟁적으로 전개하는 데 도움이 되는 다양한 실마리를 찾을 수 있을 것으로 생각한다.

이 책은 주로 지난 윤석열 행정부 기간 동안을 공화주의 사상의 관점에서 분석하고 있지만 이 토대는 향후 미래적 관점의 새 정치질서 논의로 연결되어 나갈 다리이기도 하다. 이 책이 앞으로 본격화될 내란 세력에 대한 법적 심판, 사법개혁과 헌정주의의 공고화, 선거법과 헌법 개정, 시민 정치 참여 제도화, 연방제적 지역 공존, 혐오와 차별 극복, 공화주의적 시민교육, 모든 시민의 존엄한 삶의 조건 보장, 다양한 비인간 존재들 및 아직 태어나지 않은 미래 존재들과의 공존, 아시아 및 지구적 질서의 공존공영 등 수많은 실천적 쟁점들이 사상적 차원에서 본격적으로 논의되는 데 작은 디딤돌이 되기를 희망한다.

2025년 6월 22일

안병진

차례

03 동아시아 공화주의와 보상형 대통령제 개헌

04 검찰 통치와 포퓰리스트 헌정주의

05 '중도적 공화주의' 비판에 대한 반론

01

한국의 보수 · 중도의 새로운 정치 이념으로서 공화주의의 가능성과 한계

정상호 서원대학교

문제의식: 한국에서 공화주의의 새로운 경향

저명한 미국의 정치 철학가 크램닉(Kramnick, 1982, 629)은 "19세기의 마지막 20여 년간 영국과 미국의 정치사상사에서 가장 심도 있게 논의되었던 주제가 공화주의(republicanism)"였다고 진단한 바 있었는데, 그 평가는 21세기 한국의 정치사상사에도 적용될 수 있다. 그러한 흐름은 이론적으로 민감한 학계의 동향(기획이나 특집)에서 감지할 수 있는데, '공화정과 국가 만들기'(역사학회, 2008년), '공화국과 공화주의'(한국프랑스사학회, 2009년), '한국 근대 공화주의와 리더십'(한국동양정치사상학회, 2015),

'특집: 근대 한국의 공화 담론'(역사비평, 2019) 등을 사례로 들 수 있다. 한 연구자는 이러한 경향을 일컬어 '민주공화국 담론의 르네상스'(이영록, 2010, 70쪽)로 지칭한 바 있다.

이처럼 공화주의 담론의 분출 배경은 복합적이지만 가장 큰 요인은 우리 헌법에 대한 이론적, 실천적 관심의 고조이다. 먼저, 학계에서는 1987년 헌법을 공화주의로 해석하려는 시도가 꾸준히 증가하였다. 이러한 경향은 자유주의로는 잘 해석되지 않는 1987년 헌법을 공화주의로 해석할 때 더 잘 이해할 수 있다는 인식의 확산 때문이다(정원규, 2015, 8쪽). 다른 하나는 연이은 '촛불'이 "대한민국은 민주공화국이다"라는 헌법 제1조의 의미를 생활 속에서 생생하게 체감하고, 복원하였다는 것이다. 공화주의 관점에서 본격적으로 '헌법 1조 불러내기'(장진숙, 2012, 83쪽)가 시도된 것은 2008년 수입 쇠고기 반대 시위였다. 당시 시위 현장 어디에서든 헌법 제1조의 구호와 노래가 울려 퍼졌다. 그동안 우리에게 정체로서의 '민주공화국'이란 말은 단지 군주제에 대비한 공화정의 의미로만 이해되었다. 그러나 촛불 시위는 "시민 공동체의 안전한 삶 자체가 곧 국가라는 공화주의의 핵심 이념 대 국가를 일부 특권의 사유물처럼 이해하는 반(反)공화주의적인 이명박 정부의 대립이 극적으로 표출된 장"이었다(안병진, 2008, 16쪽). 비슷한 맥락에서 촛불은 시민의식의 결정적 전환(decisive shift)을 의미하는 '바론 테제(Baron's thesis)'의 한국적 사례라 할 수 있다. 2008년 촛불 집회를 통해 시민들은 애국주의와 공화주의 자각을 인식하였고, 공동체의 주인으로서 정체성을 강화하였으며, 적극적 시민으로 참여하였다(임채원 · 도명록, 2013, 249~265쪽).

그렇지만 자세히 보면 최근 한국에서 공화주의의 부흥에는 이론적 측면이나 정치적 맥락에서 주목할 만한 몇 가지 변화의 경향들이 있다. 하나는, 연구 대상과 담론의 차이인데, '공화국(국체와 정체)과 공화(역사와 개념)를 중점적으로 다루었던 이전과 달리 현재의 관심은 공화주의(이론과 원리)'에 있다는 것이다. 지금까지 관련 논의를 주도한 것은 '공화국'의 법적 의미를 파악하는 데 골몰하였던 '헌법학적 경향'이었다. 법학에서 연구의 중심은 헌법 제정 이래 지금까지 민주공화국이 무엇인지에 대한 의미 파악에 있었다. 이러한 접근은 민주공화국에 내재한 더 심오한 사상적 본질과 흐름을 놓침으로써 헌법 제1조를 '국체와 정체'의 낡은 틀 안에 가두는 의도하지 않은 효과를 낳기도 했다(정상호, 2020, 119쪽).

헌법학과 비견될 또 하나의 경향은 역사학적 접근, 즉 공화주의가 아니라 공화 개념의 동양적 기원(origins)이나 한국에서의 제도적 원형을 해명하는 데 집중하는 것이었다. 신용하는 이미 1880년대 이후 개화파가 입헌 군주제 사상을, 독립협회가 입헌 공화국의 수립을 주장하였으며, 신민회는 국권 회복과 동시에 입헌 공화국 수립을 운동의 목표로 설정하였다고 보았다(신용하, 1986). 이후 신민회가 공화제를 지향했다는 주장은 이후 학계의 정설이 되다시피 하였다(이승현, 2006, 73쪽). 유사한 맥락에서 대부분의 연구는 제정(임시의정원)이나 제헌(의회) 당시 공화나 공화국을 둘러싼 평가 및 해석에 골몰해 왔다.

하지만, 2010년을 전후로 관심의 초점은 국체와 정체로서의 공화국이나 공화 개념의 유래와 기원을 해명하는 것에서 이념과 원리로서의 공화주의로 전환하였다. 특히, 정치학 연구들은 서구의 최근 이론을 수용하고 관련 논쟁을 소개함으로써 논의를 주도하기 시작했다. 곽준혁(2008, 2010), 김경희(2007, 2009, 2013), 이동수(2007, 2010) 등은 자유와 비지배 등 공화주의의 원리와 계보, 유형론 등의 연구 성과들을 꾸준히 제출해 왔다. 그것의 결과로서 한때 "공익을 도외시하면서 수단과 방법을 가리지 않고 개인이나 파당의 이익을 추구하는 정치 관행이나 처세 방식"을 의미했던 마키아벨리즘(강정인, 2009, 30쪽)은 이제 공화주의의 핵심인 '공존의 정치(김경희, 2013)'로 재조명되고 있다.

본 연구가 더욱 주목하고 있는 또 다른 특징은 보수와 중도의 새로운 이념적 좌표로서 공화주의가 등장하였다는 점이다.[1] 어떻게 보면, 이러한 경향은 공화주의가 "보수와 진보의 구분이 없는, 그것의 경계를 넘어서는 통합적인 정치 이념"(Pettit, 1999/2012, 63쪽)이라는 점에서 그다지 특이한 일이 아닐 수 있다. 그렇지만 두 가지 점에서 본 연구는 이를 새로운 경향이라고 본다.

첫째, 역사적으로나 이론적으로 공화주의는 '보수보다는 진보의 사상'에 근접하였다. 그 태생에 있어서 공화주의는 일체의 군주제와 전제(專制)를 부정한다는 점에서 당대로서는 급진 사상이었다. 루소와 메디슨의 공화주의의 원리와 강조점의 차이는 적지 않지만, 그들의 사상이 프랑스 혁명과 미국 혁명의 전개에 미친 영향은 뚜렷하다. 영국 · 미국 · 프랑스의 3대 혁명의 역사에 결정적으로 작용한 주요 정치적 저술들의 공통점은 공화주의의 언어로 쓰

1) 한국 사회에는 공화주의를 둘러싼 내적 긴장이 존재한다. "사상사로서의 공화주의나 현대 공화주의자들은 대개 진보적"이다. 그렇지만 박정희 시대의 '민주공화당'과 세계를 대표하는 보수당으로서 미국의 공화당 탓에 "대중적 시각에서의 공화주의는 보수적"이다(경향신문, 2019. 2. 18).

였다는 점이다(조승래, 2010, 56~57쪽). 이론적으로도 공화주의는 적극적 시민 참여와 숙의, 공공선, 법치주의 등을 구성 원리로 삼고 있다는 점에서 자유주의보다도 진보에 가깝다.[2] 또한, 전통·관습·역사의 중시, 종교와 권위의 강조, 엘리트주의, 사유 재산권의 절대화, 인간의 이성에 대한 불신 등 보수주의의 기본 교리(Nisbet, 1986/2007)를 대체로 부정한다는 의미에서 '진보적'이다.

둘째, 보수와 중도의 공화주의는 한국적 맥락에서 보면 최초의 자생적 이념 운동이며, 가장 체계적이고 조직적인 정치 활동이라는 점에서 연구의 가치가 있다. 한국에서 보수들의 일관된 이념 정체성은 민주화 이전에는 성장주의와 반공주의가, 민주화 이후에는 자유주의였다. 이러한 의미에서 본 연구는 한국에서 보수와 중도로 분류될 수 있거나 자처하고 있는 그룹들이 공화주의를 기치로 내건 배경을 해석하고 그 의미를 평가해 보고자 한다.

---

2) 공화주의의 법치주의는 입법 기관의 적법 절차를 거쳐 제정한 법에 근거해서 통치가 이루어져야 한다는 형식적 의미(rule by law)보다는 국가 권력의 예외 없는 제한과 통제 속에서 국민의 자유와 권리를 보장한다는 실질적 의미(rule of law)에 가깝다. 이러한 의미에서 "공화주의는 실질적 법치주의의 동의어"이다(신용인, 2010, 355쪽).

한국에서 '처방적 공화주의'의 등장과 의의

한국 공화주의자들의 기원과 특성: '자주적 선언' 아닌 '후대의 해석'

동양에서 공화 개념은 그 뿌리가 깊고 대중적으로도 친숙하다. 이미 많은 연구가 밝혀 놓은 것처럼 『사기·주본기(史記·周本紀)』에 의하면 기원전 841년 서주의 여왕(厲王)이 폭정으로 민란에 의해 쫓겨난 후 소공(召公)과 주공(周公) 두 재상이 정사를 행했는데, 이를 공화라 했다(이정환, 2013, 53쪽).

흥미로운 점은 동양의 공화라는 단어에 이미 상충하는 두 가지 의미가 내재하고 있다는 점이다. 기존의 연구에서 공화는 왕의 부재 시 신하의 통치를 의미하는 것이기 때문에, 왕정하에서 공화를 말하는 것은 '불경이나 반역에 해당'(박찬승, 2008, 308쪽)하거나 '금기의 언어'(박현모, 2007a, 59쪽)라는 것이 일반적 해석이었다. 그렇지만, 『시경(詩經)』 현조(玄鳥) 편에서 탕 임금의 '대동공화(大同共和)의 정치'를 찬송하는 것(서정기 2001, 489쪽)이나 '유교적 공공성'에서 알 수 있듯이 공화는 당파와 당쟁이 없는 상태를 지칭하는 화평·공영·공존의 긍정적 의미로도 사용되었다(정상호, 2013).

공화의 기원만큼이나 한국의 공화주의자들의 뿌리도 제법 깊다. 신채호는 대동 세상(大同 世上)을 내걸고 대동계를 이끌었던 정여립(鄭如立, 1546~1589)을 '동양 최초의 공화주의자'라고 칭송하였다(전지성, 2011, 120쪽).

그렇지만 우리나라에서 가장 논쟁적인 공화주의자는 이승만이다. 이승만을 공화주의와 연관하여 분석한 연구들은 대체로 이승만 집권 이후가 아닌 초기의 공화주의 정신을 분석하고 이러한 공화주의가 1919년 3.1 운동을 통해 탄생한 상해 임시정부와 1948년 8월 수립된 대한민국 제헌헌법을 통해 실현되었다고 주장한다(이택선, 2015, 40쪽). 한편, 조맹기는 이승만이 저술한 『독립정신』을 중심으로 이승만의 공화주의 사상을 분석하였다. 그의 연구에 따르면, 이승만의 공화주의는 1948년의 제헌헌법에 큰 영향을 미쳤으며, 나아가 이승만은 '세계 시민주의를 염원했던 자유주의자'(조맹기, 2014, 190쪽)였다. 오영섭은 1910~1920년대 하와이에서 간행했었던 『태평양 잡지』를 분석하였는데, 이승만은 공산(사회)주의와 공화주의와의 대결이 벌어진다면 한민족은 철저한 공화 정신으로 일치단결하여 독립을 달성해야 한다고 역설한 공화주의의 수호자이자 기독교 민족주의자였다(오영섭, 2012). 장명학은 좌우 진영 모두 민주주의와 공화주의에 입각한 독립 국가를 건설하고자 했지만 두 개념에 대한 해석과 이해 방식의 차이가 해방 정국을 갈등과 분열로 몰고 갔다고 기술하면서 이승만의 사상을 '자유민주주의적 공화제'로 정리하였다(장명학 2009).[3] 끝으로, 서희경은 '민주공화주의'를 군주의 독단적 지배가 없는 정치 체제(이념)로 보고, 이승만이 『매일신문』, 독립협회와 만민공동회의 활동을 통해 백성의 권리와 법치를 핵심으로 공화제를 구성하고자 하였던 '1세대 민주공화주의자'였다고 평가하였다(서희경, 2019, 32쪽).

흔치 않지만, 초헌법적 유신 체제를 수립한 박정희를 공화주의자로 보는 시각도 존재한다. 박현모는 공화주의의 핵심을 대표의 독립성과 책임성에 대한 강조, 시민의 덕성에 대한 강조, 정당에 대한 부정적 시각, 대의제에 대한 비판으로 요약한 후 박정희는 유신 선포 이전에는 공화주의의 요건을 갖춘 '민족적 공화주의자'였으며, 유신 이후에는 민족주의를 보다 강조한 '공화적 민족주의자'로 변화하였다고 주장하였다(박현모, 2007). 유광호(2017)는 박정

---

3) 장명학(2009)의 연구에서 김구는 민족의 자유에 기초한 '민주적 공화주의'로, 여운형은 '대중 민주주의 공화제'로, 박헌영은 '인민 민주 공화제'를 주창한 것으로 분류되었다.

희의 공화주의는 대기업이 국민에게 봉사하도록 지도했으며, 자유주의의 권리보다 공화주의의 책임과 의무를 더 강조하여 가르쳤다는 특징이 있다고 설명하였다.

이처럼 한국의 공화주의자들은 당대에 자신의 이념이나 실천을 스스로 선언한 것이 아니라 후대에 누군가에 의해 해석, 평가되었다는 공통점을 안고 있다. 만민공동회 등 개화파를 소통과 통합을 중시한 공화주의와 민주주의를 강조하였다는 뜻에서 '자생적 공화 민주주의'(이동수, 2007, 8쪽)로 규정할 수는 있지만, 개화파 중 그 누구도 공화주의자임을 선언한 이는 없었다. 이승만 역시 '민주공화주의자'(서희경, 2019, 37쪽)로 평가할 수 있지만, 그 자신은 단 한 번도 자신을 공화주의자로 자칭한 바 없었다. 박정희는 한국 정당사에서 가장 오래 존속하였던 민주공화당을 창당하였고, "4 · 19 의거와 5 · 16 혁명 이념에 입각하여 새로운 민주공화국을 건설한다"고 선포(제3공화국 헌법 전문)하였으며, '진정한 민주공화국'을 수차례 연설에서 언급하였지만, 자신의 정체성과 정부의 지향을 공화주의로 설명한 적은 단 한 번도 없었다.

보수와 중도의 새로운 공화주의: '자유공화주의'와 '21세기 공화주의 클럽'

앞서 설명한 이들은 자신의 의지와 상관없이 후대의 이데올로기적 정당화나 학술적 연구에 따라 뒤늦게 공화주의자로 발견되었고, 호명되었다고 할 수 있다. 반면, 최근 보수와 중도의 일부 세력들은 자신들의 지향과 가치를 공화주의로 선언하고, 대중화에 나섰다는 점에서 확연한 차이와 정치사적 의미가 있다.

그 발원지가 한때 박근혜 대통령의 최측근이었던 유승민과 김무성이었다는 점은 역설적이다. 유승민은 새누리당이 공천 파동으로 4 · 13 총선에서 참패한 이후 성균관대 특강에서 "따뜻한 보수, 정의로운 보수를 지향하는 보수 혁명이 필요하며, 이를 위해선 '공화주의' 가치를 실현하는 보수 정치 세력이 필요"하다고 주장하였다(중앙일보. 2016. 5. 31). 탄핵 이듬해 자서전에서는 "공화의 으뜸은 정의이고, 공화에는 정의, 자유, 평등, 공정, 법치, 공공선. 그리고 시민의 덕성이 있다는 것을 깨우치게 되었다"고 고백(유승민, 2017, 266쪽)하였고, 나아가 양극화, 불평등, 불공정의 대한민국을 치유할 철학으로 공화주의를 제시하였다. 이즈음 제20대 총선 당시 옥쇄 파동의 주인공이었던 김무성 새누리당 대표도 공화주의 가치를 내걸고 정치를 재개하였다.[4] 그는 이제 "보수 정치를 벗어나 책임과 의무를 강조하며 정의와 공공선을 지향하는 공화주의를 추구해야 하며, 그것이 진정한 우파 정치"라는 주장을 폈다(연합뉴스, 2018. 8. 27).

한편, 탄핵 전후 공화주의 담론은 위기에 처한 보수 세력의 통합 논리이기도 하였다. 앞서 유승민 의원이 공화주의를 선창하자, 당시 제3정당의 대표였던 안철수 역시 "국민의 당은 공화주의라는 가치를 소중하게 마음에 담고, 이제 중도 개혁의 길로 나가는 게 저희들의 방향"이라며 공화주의에 공감"을 표했다(연합뉴스, 2017. 10. 30). 유승민, 김무성, 안철수가 앞서거니 뒤서거니 공화주의를 내걸자, 정진석 의원(자유한국당)은 "공화주의가 공통분모의 논거"라면서 보수 대통합의 필요성을 강조했다(동아일보, 2018. 10. 2).

이처럼 탄핵 전후 보수의 공화주의 담론은 대선을 염두에 둔 정치인 개인의 이념적 출사표이거나 보수 통합의 상

4) 자신이 주최한 세미나(2018.8.27)에서 공화주의를 내걸자 "김무성, 공화주의 들고 무대로 컴백(서울신문)" "공화주의 꺼내든 김무성, 당권 재도전 신호탄?(연합뉴스)" "김무성, 공화주의 정신이 새 시대정신, 당권도전 시동"이라는 기사가 일제히 실렸다.

황 논리였다. 그와는 달리 '자유공화주의'는 한국의 보수가 처음으로 공화주의를 자신의 새로운 정치 이념으로 체계적으로 정식화하였다는 점에서 의미가 있다.[5] '자유공화주의'는 2019년 4월 1일에 합리적 보수와 중도 세력을 아우를 목적으로 출범한 '플랫폼 자유와 공화'에서 제시한 사상이다. 이 단체의 공동 의장인 박형준은 '자유공화주의'를 자유주의와 공화주의, 그리고 민주주의를 합쳐서 약칭한 것으로 설명하였다(박형준 · 권기돈, 2019, 8쪽). 아래의 인용문에서 알 수 있듯이 과거의 보수와 달리 그들은 시민 참여와 덕성, 시민 사회를 강조하고 있다.

> "이제 새로운 보수는 시민 참여와 시민적 덕성을 중시하는 시민 공화주의를 중심적 가치로 장착해야 한다. 큰 국가가 아니라 큰 시민 사회를 지향해야 한다. 이것이 대한민국이라는 정치 공동체에 활력을 불어넣고 또 그것을 윤택하게 할 것이다."(박형준 · 권기돈, 2019, 127쪽)

본 연구가 집중적으로 살펴볼 또 다른 그룹은 최근 왕

---

5) 본 논문에서 자주 언급하고 있는 '자유공화주의'는 '플랫폼 자유와 공화'가 내건 공화주의의 특정 유형을 지칭한다.

성한 활동을 벌이면서 주목받고 있는 '21세기 공화주의 클럽'(이하 클럽)이다. 앞의 '플랫폼 자유와 공화'를 이끌었던 이들(박형준 · 주대환 공동 의장, 김대호 상임운영위원장)의 면면이 과거 보수당에 관여하였거나 현재에도 당적을 보유한 직업 정치인이라면, 클럽의 구성원들은 대개 학계 인사다. 또한, 클럽은 인적 구성이 중복되는 '공화주의 아카데미'를 통해 차기 총선 관여 의사를 밝혔지만, 아직 특정 정당에 대한 지지를 공개적으로 밝힌 바는 없다.[6] 아울러, 자신들의 공화주의를 자유공화주의나 시민적 공화주의 등 어떤 단일 모델로 개념화하여 제시하지 않고 있다.

굳이 이들의 공통점을 찾으라면, 한국 정치의 최대 과제로 소모적이고 폐쇄적인 좌우 이념, 이분법적 대립의 진영 싸움에서 찾고 있으며, 그것의 해결 방안으로 공화주의, 구체적으로는 중도주의에서 찾고 있다는 점이다. 클럽은 한국 사회의 문제점과 자신들의 의의를 다음과 같이 밝히고 있다.[7]

---

6) '공화주의 아카데미'(함운경 상임대표, 김동규·이동호 공동대표)는 제22대 총선에서 공화주의적 리더십과 덕성을 지닌 정치 신인을 교육해 제도 정치권의 입성을 돕고 정치권의 변화를 촉구하는 것을 목표로 활동하고 있다(문화일보. 2023. 10. 11).

7) 순수한 저술 활동에 주력하며, 필진의 구성도 다양한 '클럽'을 중

"우리는 앞으로 발전시킬 21세기 공화주의가 현실 정치의 최대 현안, 즉 산업화와 민주화를 대변하는 두 진영 간의 퇴행적인 적대 관계를 푸는 데 중요한 역할을 할 것이라 믿는다. 산업화 진영이 간과한 지배 없는 자유의 삶을 중시하고, 민주화 진영이 놓치고 있는 시민의 미덕 함양이 사회를 건강하게 하리라 믿는다. 두 진영이 외면하고 있는 현대 공화주의의 공적 조화의 성취가 적대적 소모성의 정치를 극복하게 할 것이라 여긴다."(21세기 공화주의 클럽, 2019, 10쪽)

클럽의 진영 논리와 이분법 정치에 대한 비판은 이들의 저작에서 일관되고 준엄하다. "진영 논리가 정당 간의 정책 대결을 넘어 사생결단식의 집권 투쟁으로 치닫는 것은 사회를 파탄에 이르게 할 뿐"(강경선, 2019, 60~61쪽)이며, "이분법적 흑백 논리, 선악 논리, 진보 좌파 대 보수 우파의 진영 논리가 우리 시대의 자화상"이다(조민, 2019, 92

도라는 단일한 정치적 범주로 묶는 것은 일방적 잣대라는 비판과 반론이 따를 수 있다. 이는 '클럽'의 공통분모로 양 진영에 대한 비판과 중도 지향성을 고려한 다소 느슨한 기준이며, 본 논문의 논리 전개를 위한 편의적 규정임을 밝힌다.

쪽). 클럽의 두 번째 저서에서도 이러한 인식은 그대로 이어지고 있다. 진영 간 대결, 이분법적 정치 사회 구조의 뿌리는 역사관에서 비롯된 측면이 큰데, "보수 우파 대 진보 좌파의 진영 구도에 빠진 친일 대 종북 프레임은 현대사 백년에 대한 각 진영의 독선과 아집의 소산"이다(21세기 공화주의 클럽, 2020, 121쪽).

그리고 이러한 문제에 대한 해결은 공화주의, 특히 '중도 정치'에서 찾고 있다. 중도주의는 클럽의 주요 저자 중 한 사람인 채진원(2016)의 문제의식에서 뚜렷한데, 그에 따르면 한국 정치의 최대 위협은 좌우 진영이 주도하고 있는 정치 · 경제적 양극화이다. 그는 대안으로, 현재의 과두제 민주주의를 극복하기 위해서 민주공화국의 정신인 공화주의로 돌아가서 해법을 찾는 '공화주의적 처방'을 제안한다. 즉, 정치적 양극화와 경제적 양극화에 맞서기 위해 정치적 중간지대인 중도(moderate)와 중산층(middle class)의 강화를 중심으로 부자와 빈민의 이해관계를 녹여내는 중용과 함께 극단에 치우치지 않고 견제와 균형, 법치주의를 통해 공공선에 도달하려는 공화주의적 처방이 필요하다는 것이다(채진원, 2019a, 123쪽).

‘처방적 공화주의’의 등장

본 연구에서는 ‘자유공화주의’와 클럽 등 공화주의를 기치로 내건 보수 · 중도 세력을 ‘처방적 공화주의(prescriptive republicanism)’로 규정하고 있다.

처방적 공화주의는 이익 집단 연구의 선구자인 베리(Jeffrey M. Berrry)에게서 빌려 온 용어이다. 그는 다원주의를 달(R. Dahl) 이전의 서술적 다원주의(descriptive pluralism)와 그 이후의 규범적 다원주의(prescriptive pluralism)로 구분하였다. 그에 의하면, 초기 다원주의는 “정치는 집단들 간의 상호작용”이라는 트루먼(D. Truman)의 명제처럼 중립적이고 객관적인 진술로 구성되었지만, 달 이후에는 다원주의가 ‘미국 민주주의를 구성하는 핵심 제도’이자 지향해야 할 단일한 목표(pluralism as a goal)로 변화했다는 것이다(Berry, 1997, pp. 12~14). 이후 달의 세례를 받은 다원주의 숭배자들은 ‘다원주의를 모든 사회적 질병의 해독제’로 간주하는 확신에 찬 규범적 다원주의자(prescriptive pluralist)로 변모하였다. 다원주의적 관점에서 정치를 객관적으로 묘사했던 초기의 입장에서 벗어나 참여, 특히 대표되지 않는 사회적 소수의 참여를 고무하거나 풀뿌리 로비의 활성화 등 특정 방안을 내놓는 등 정책 중심의 다원주의적 처방을 내리는 쪽으로 전환하였다

(Ainsworth, 2002, p. 6).

본 연구에서 'prescriptive'를 일반적 용례인 '규범'이 아니라 '처방'으로 해석한 데에는 두 가지 의도가 있다. 첫째는 공화주의 자체가 독특한 제도나 원리뿐 아니라 운동이나 실천으로서의 규범을 동시에 의미하고 있기 때문이다. 실제로 적지 않은 연구자들이 공화주의 자체를 정치의 지향이자 하나의 규범으로 이해하고 있다. 조승래는 "공화국에 대한 규범적 논의를 공화주의"로 정의하고 있다(조승래, 2010, 33쪽). 김경희 역시 공화주의를 "구체적인 상황과 문제에 대응"하여 국가를 공공의 것으로 만들기 위한 실천적 노력의 산물이자 하나의 운동으로 바라보고 있다(김경희, 2009, 19쪽). 따라서 한국에서 보수와 중도를 자처하고 있는 공화주의자들의 특성과 지향을 파악하기 위해서는 규범이라는 사전적 의미보다는 처방이라는 정치·정책 중심의 해석이 적절하다고 판단하였다.

둘째는 '처방'이 갖는 현실 정치와의 밀접한 연관성을 강조하기 위함이다. 필자가 아는 한, 처방적 공화주의의 정치적 성향과 정책적 지향은 어떤 유형의 공화주의보다 구체적이고 활동적이다. 즉, 이들의 인식과 주장은 시민참여와 공동선을 강조하는 시민적 공화주의나 법치주의와 개인의 자율성을 강조하는 신로마형 공화주의(곽준혁,

2012), 참여를 강조하는 목적론적 공화주의나 개인의 자유를 중시하는 도구적 공화주의(조승래, 2010), 참여와 토론의 계발공화주의와 혼합 정체와 시민적 덕의 보호공화주의(이계일, 2011, 89쪽), 그 어디에서도 찾아볼 수 없을 정도로 현실 정치와 밀접하다.

분명히 밝히자면 처방적 공화주의는 보수와 중도의 공화주의에 한정된 용어가 아니다. 그것은 이념보다 정치 활동, 원리보다 정책 지향을 중시하는 공화주의의 특정 경향성을 지칭한다는 점에서 탈이념적이다. 아울러 그 용어는 이미 한국에서 나타난(우) 그리고 등장할 가능성이 큰(좌) 공화주의의 특정한 경향을 비판적으로 설명하는 데 도움을 줄 수 있다. 그 근거는 "서구에서 공화주의는 추상적 개념보다 구체적인 원칙을 제시하지만, 한국의 공화주의는 사회의 당면 과제를 해결할 수 있는 만능처럼 추상화되는 경향"이 있기 때문이다. 아울러, "한국의 공화주의는 이미 어떤 사회적 신념을 표현하고 전달하는 이념적 잣대이자, 현상을 타개하기 위한 이념적 응급 처방"의 성향이 강하기 때문이다(곽준혁, 2010, 74쪽).

처방적 공화주의의 가능성과 한계

처방적 공화주의 등장 배경

처방적 공화주의의 등장 배경에는 앞서 설명한 박근혜 대통령의 탄핵으로 인한 보수 전체가 궤멸할 수 있다는 위기감이 작용하였다. 탄핵 사태를 촉발하였던 당시 촛불 시위에는 6개월 동안 23차에 걸쳐 전국에서 1700만 시민이 참여했다. 촛불 시위가 탄핵, 문재인 정부의 출범으로 이어지면서, 한국 보수의 중추 이념이었던 반공 · 성장주의가 종식되었다는 주장이 이어졌다. 전 국민을 경악하게 만든 최순실 사건이 촉발한 대통령 탄핵은 '박정희 신화라는 시민 종교의 파산'(김상준, 2017, 74쪽)을 뜻했다. 또한, 탄핵은 한국 경제의 고도성장은 박정희 개발 독재의 결과이며, 개발 독재 모델의 재도입은 위기의 한국 경제에 다시 고도성장을 가져올 것이라는 '박정희 신화의 몰락'(손호철, 2017, 29쪽)이기도 하였다.

한편, 촛불 시위로 분명해진 한국 사회의 이념과 가치, 세대의 변화 흐름도 보수의 위기를 증폭시켰다. 학계를 중심으로 촛불을 통해 환경주의, 탈물질주의, 참여 민주주의 등의 가치 지향이 계속 성장하고 있다는 연구(정태석, 2018, 47쪽)가 이어졌다. 정병기에 따르면, 탈물질주의 사고는 촛불 참가자 집단은 물론 국민 전체에서도 높게 나타나 촛불의 국민적, 사회적 토대가 튼튼한 것으로 파악되었다(정병기, 2017, 280~281쪽). 한편, 이재철(2017)은 중·장년층보다는 젊은 세대가, 교육 수준과 소득 수준이 높을수록 촛불 집회에 적극적으로 참여하였음을 밝혔다.

이러한 흐름 속에서 보수가 겪는 위기의 본질이 시대에 맞는 이념이나 가치를 제시하지 못한 점에 있으며, 수구로 폄훼되지 않기 위해서는 보수의 이념과 가치를 시대에 맞추어 재정립해야 한다는 인식이 확산하였다(민세영 2021, 2쪽). 중도 역시 "중도라는 정치 노선에서 벗어나 공화주의로 나아가야 한다"는 주장(김태일 제2 창당위원장)에 안철수 당대표가 동의하면서 당의 새로운 정체성으로 공화주의가 진지하게 검토되었다(조선일보, 2017. 10. 29). 그것은 지금까지 대한민국 정통성의 토대이자 보수의 사상적 기반이었던 '자유민주주의의 현대화 또는 재구성'을 의미하는 것이었다.

이러한 절박한 상황에서 공화주의는 한국의 보수·중도가 이념적 변신을 위해 찾아낼 수 있던 거의 유일한 자원이었다. '유일한'이라는 표현을 쓴 까닭은 이미 20여 년 전, 매우 비슷한 상황에서 '뉴라이트'가 '공동체 자유주의(communitarian liberalism)'를 선점·활용하였기 때문이다. 당시 두 차례 대선에서의 패배 이후 보수 야당에 대한 실망 속에서 일단의 보수 지식인 그룹은 '뉴라이트'라는 정치적 조직을 전국적으로 결성하였다. 박세일에 따르면 '뉴라이트'가 내걸었던 공동체 자유주의는 자유주의의 세 가지 원리, 즉 법적 표현으로서 법치주의, 정치적 표현으로 민주주의, 경제적 표현으로 시장주의를 국가 운영의 구성 원리로 삼는다. 그러나 자유주의는 개인의 욕망과 집단 이기심의 무절제한 분출을 가져오며 공동선에 무감하다는 내재적 약점을 갖고 있다. 따라서 공동체의 결속과 연대, 시민의 의무나 권리, 책임의식, 공익과 공공선을 강조하는 공동체주의와의 결합이 요구된다는 것이다(박세일, 2006, 134~146쪽).

한편, 그때의 공동체주의나 지금의 공화주의 담론은 보수・중도가 '과거의 보수 세력과 현재의 진보 세력으로부터 자신들을 구분 짓는 이념적 표식'이었다. '자유공화주의'는 "기존 보수의 권위주의・국가주의・반(反)공화주의에 대한 비판적 성찰"을 촉구하면서, 과거의 보수와 차별성을 내세웠다(박형준・권기돈 2019, 12쪽). 김태일(국민의당 제2 창당위원장)은 "우리나라의 양대 정당 중 하나의 정당은 '자유'를, 또 다른 큰 정당은 '민주'라는 가치를 독점해 왔는데, '공화주의'를 '국민의당'의 새로운 정체성 기반"

으로 삼겠다고 했다(시사위크, 2017. 10. 11).

처방적 공화주의의 한계

제한된 시민 참여

시민 참여는 자유주의와 공화주의를 가르는 중요한 경계선 중 하나다. 자유주의의 오른쪽 극단에 '시장 근본주의적 사고'로 무장한 하이에키안 자유주의(Hayekian Liberalism)가 있다(황준성, 2006, 24쪽). 하이에크에 따르면, 정치의 본질은 누가 지배해야 하는가(Who governs?)가 아니라 시장의 자생적 질서의 원만한 작동을 위해 정치를 어떻게 효과적으로 제한할 것인가의 문제에 있다. 이러한 관점에서 볼 때, 시민 참여는 자유와 번영을 위해서 제한되고, 헌법으로 엄격히 통제하여야 한다(민경국, 2005, 12쪽). 하이에크와 달리, 경쟁적 자유주의자들은 선거와 정당, 의회 등 정치 과정의 작동을 민주주의로 이해한다. 슘페터는 민주주의를 선거를 통해 대표를 선출하는 절차로 정의하였고, 립셋(S. M. Lipset)은 민주주의를 선출직 공직자를 바꿀 헌법적 기회를 정기적으로 제공하는 정치체제로 규정하였다. 한편, 다원주의를 대표하는 달(R. Dahl)은 집단 사이의 자유로운 참여와 경쟁을 허용하는 다두제(polyarchy)로 보았다(오현철, 2008, 121쪽).

하지만 앞의 자유주의자들과 달리 공화주의에서 시민 참여는 공화국의 근본 윤리이자 규범이다. 공화주의에서 시민의식이나 시민적 덕성의 핵심은 자신의 사익을 위해서가 아니라 공동체의 이익을 위해서 정치에 참여하는 것을 뜻한다(김경희, 2007, 135쪽). '공화주의 이론의 주창자'라고 할 수 있는 포칵이 주목한 것은 바론의 시민적 휴머니즘이라는 역사적 개념과[8] 아렌트의 '행동적 삶(vita activa)'이라는 정치 철학적 개념이었다(조승래, 2010, 57쪽). 이처럼 아리스토텔레스 이후 공화주의자들에게 시민들의 공동체의 문제, 특히 정치적 참여는 자아실현의 중요한 방도이자 가장 중요한 시민적 덕성이었다.

심지어 참여를 인간성의 본질이나 목표가 아니라 자유를 지키기 위한 수단으로 본 신로마형(자유주의적) 공화주의에서도 시민 참여는 공동체의 원리로서 강조되었다. 키케로에 따르면, 공화국은 '인민의 일(Est igitur res publica res populi)'인데, 여기에서 인민은 법과 권리에 대

8) 포칵(Pocock, 1975/2011, 129~131쪽)은 바론 테제를 '철학적으로 순수 지식을 추구하는 관조의 추상적 삶(비타 콘템플라티바)'에서 행동적 삶, 특히 공적인 관심과 참여에 삶의 무게를 두는 시민적 삶(비베레 치빌레, viviere civile)으로의 결정적 전환으로 정의한 바 있다.

한 공통의 합의 그리고 상호 이익이 되는 것에 '참여 의사를 가진 사람들'이다. 따라서 시민들의 자발적 정치 참여는 타인의 자의적 간섭 및 의존으로부터의 자유를 지키고, 헌정의 안정적 유지를 위한 필수적 요소이다(이계일, 2011, 71쪽). 공화주의는 공동체의 공적 참여를 가장 중시하는데, 바로 이 점이 선거를 통한 다수의 지배를 강조하는 민주주의나 개인의 자유와 권리를 최대한 확보하는 데에 일차적 관심을 둔 자유주의와의 분명한 차이이다(이동수, 2007, 11쪽).

그렇지만 처방적 공화주의에서 시민 참여는 시민적 삶의 부차적인 방편이거나 아예 비정치적 사회 참여로 한정되어 있다. '자유공화주의'는 겉으로는 공공선 확보를 위한 주권 행사의 방법으로 "시민들이 시민적 덕성을 발휘해 정치와 공적 생활에 적극 참여"(박형준 · 권기돈, 2019, 293쪽)해야 한다며 시민적 공화주의를 옹호한다. 그들은 이론적으로는 서로 분리되어 있고 무관심한 원자화된 개인을 의미하는 '1인칭 단수'가 아니라 친밀한 상호 관계에 있는 '정착과 애착의 1인칭 복수'를 중시한다.

> "1인칭 복수의 반경은 이웃, 지역 사회, 시민 사회로 점점 더 확대된다. 1인칭 복수의 관계는 기업 같은 의도적 조

직에서도 발생하지만, 가족, 이웃, 시민 사회처럼 공동의 의도 없이 자생적으로 발생하는 특징이 있다."(박형준 · 권기돈, 2019, 155쪽)

이처럼 '자유공화주의'의 세계는 갈등이 없이 인정이 넘치는 선한 시민 사회와 비정치적 시민 참여로 이루어져 있다. 문제는 이러한 시민 참여의 관점이 현실적으로는 시대 흐름에 무감하다는 점에서 보수적이며, 이론적으로도 불완전하다는 점이다. 먼저, 한국의 촛불 시위(2008, 2017), 중동의 재스민 혁명(2010), 프랑스의 노란 조끼 운동(2018), 홍콩의 노란 우산 시위(2014, 2019)에서 알 수 있듯이 시민들의 직접적인 정치 참여를 뜻하는 '시민 행동'은 지구적 차원에서 일상이 되었다. 이러한 흐름을 반영하여 민주 시민이나 좋은 시민(good citizen)의 의미 자체가 변화하고 있다. 과거 산업화 단계의 좋은 시민은 질서와 준법 의식으로 충만한 의무를 잘 이행하는 시민(citizen duty)이었다면 후기산업화 단계의 좋은 시민은 타인에 대한 관용과 행동주의가 강한 참여적 시민(engaged citizen)이다(Dalton 2008, p. 28).

'자유공화주의'는 "공동의 의도 없이 형성된 1인칭 복수의 관계는 자유나 개성보다 자기희생, 상호 존중, 책임감,

의무감, 신뢰 같은 덕성을 중시"한다며 도덕주의적 강론을 설파하고 있다(박형준 · 권기돈, 2019, 155쪽). 하지만, 우리가 사는 후기 산업화 시대는 사회 서비스 증대와 고등교육의 증가로 시민들의 개성과 자율성이 시민 행동과 같은 직접적인 형태의 민주주의와 새로운 형태의 사회적 연대를 낳고 있다(Inglehart & Welzel, 2005/2011, 66~68쪽).

한편, '자유공화주의'의 시민 참여 이론의 토대가 공화주의가 아니라 보수주의 또는 자유주의에 있다는 점을 주목할 필요가 있다. 이들에 따르면, "시민 사회는 전통, 문화, 도덕, 유대, 공감, 신뢰의 생산지로서 기능을 회복해야 한다. 정치적 시민 단체와 투쟁 지향적 사회 운동이 지배하는 시민 사회가 아니라, 자선과 봉사, 자조와 인간애, 협력과 상호 이익을 기초로 하는 자발적 조직들이 주도하는 시민 사회를 지향"해야 한다(박형준 · 권기돈, 2019, 170쪽).

흥미로운 점은 이러한 주장의 이론적 기반이 시민적 결사(self-contained association)와 기획 결사(universitas)를 구별한 마이클 오크숏(Michael Oakeshott)이라는 점이다. 그에 따르면 기획 결사는 행위자들이 공동의 목적이나 이익을 추구하는 과정에서 필요한 수단을 찾는 조직이며, 시민적 결사는 자발적 시민들이 구축한 관계 양식들에 기초한 조직이다. 사실, 오크숏의 수평적이고 자기 제한적인 시민 결사와 공동의 목적과 이익을 추구하는 기획 결사의 구분은 시민 사회나 시민 단체를 위한 분류 체계가 아니라 15세기 이래 유럽에서 형성된 국가에 대한 관념과 관점을 설명하기 위한 역사적 개념이었다(김비환, 2014, 458쪽). 그리고 오크숏의 강조점은 어느 하나가 바람직하거나 이상적이라는 것이 아니라 두 유형은 정부와 정치, 구성원, 정치의식을 구분하는 데 서로 근본적으로 다른 결사 양식이라는 점에 있었다. 그러한 맥락에서 그는 "몽테스키외의 공화정을 전제정과 달리 법률 체계를 갖고 있지만, 공동의 목적을 추구하기 위한 도구로서의 성격, 곧 기획 결사"로 분류한 것이었다(김비환, 2014, 504쪽).

정리하자면, 한국 보수는 새로운 이념과 가치를 지향하는 '자유공화주의'를 선언하였지만, 그들의 행로는 '공화 없는 자유주의'(민세명, 2021, 25쪽)로 치닫고 있는 것 같아 우려스럽다. 왜냐하면, 그들의 시민 사회와 시민 참여는 공동체와 괴리된 개인과 비정치적 영역으로 제한되어 있기 때문이다.

기본 소득은 '공화주의의 적'인가?

처방적 다원주의의 또 다른 한계는 공화주의의 한 축을 구성하고 있는 경제적 평등의 원리를 애써 간과하거나 외면하고 있다는 점이다. 이들의 관심은 대체로 좌우 진영의 이념 갈등에 매몰되어 경제적 양극화는 시선에서 벗어나 있다.[9] 먼저, '자유공화주의'의 자유는 신자유주의의 경향에서 한발 더 나아가 친시장 정부로의 변화를 꾀하고 있다. 그렇지만 친시장적인 자유, 특히 민영화 추진은 '공공성 · 공동의 것'을 내포한 공화주의와 충돌할 여지가 크다(민세영, 2021, 23쪽).

더 큰 문제는 공화주의와 경제적 평등의 관계에 대한 편협한 시각이다. 그러한 문제점은 기본 소득에 대한 그들의 오해에서 잘 드러난다. 클럽의 주요 저자는 "기본 소득은 정치 철학적 배경으로 볼 때, 단순한 복지 정책이 아니라 사회주의로 이행하기 위한 준사회주의 성향의 정책"이며, 따라서 기본 소득을 위시하여 청년 배당, 무상 교복의 공약을 내건 이재명은 "민주적 기본 질서에 반하는 인기영합적인 주장을 일삼는 좌파 포퓰리스트"이다(채진원, 2019b, 148쪽).

---

9) 이일영(2021)은 중도라는 개념을 쓰고 있지만, 불평등 특히 청년 문제의 해결에 공화주의식의 경제 해법을 제안하였다. 그는 '한국형 중도 공화주의의 리더십'을 제시하면서, 공적 자유 시민을 뒷받침할 기본 자산 제도와 공유제(커먼즈)의 도입을 주장하였다.

기본 소득에 대해서는 입장에 따라 찬성할 수도 반대할 수도 있다. 문제는 시민의 경제적 평등을 지향하는 기본 소득이 공화주의를 대표할 경제 정책은 아니지만, 그렇다고 공화주의에 반하는 정책은 더더욱 아니라는 점이다. 역사적으로, 공화국은 시민적 평등의 기초로서 토지 균분의 공동체를 뜻하였다. 특히 영국의 공화주의자들은 "토지 균분을 통해 소수에 의한 재산의 과점을 막아야만 영국은 평등한 시민들로 구성된 자유 국가가 될 수 있고 진정한 조국이 될 수 있다"고 주장했다(조승래, 2010, 32쪽).

최근에는 전통적인 공화주의 개념을 경제학으로 확장하고 있는 대거(Richard Dagger)의 구상이 관심을 끌고 있다. 대거는 자신의 경제론을 '공화주의적 시민 경제론'(civic economy)이라고 부른다. 여기에서 시민 경제는 '시장이 중요한 역할을 하면서도 그 역할이 공공성을 위해 제약되며, 재산 소유권이 광범위하게 분산되어 효과적인 시민권이 증진되는 경제'를 뜻한다(리차드 대거, 2007). 그는 구체적으로 노동자들이 경영자를 견제하여 경영상 의사 결정의 자의성을 제약하는 '작업장 공화주의', 상속세, 누진적 소비세 등의 정책을 제안하였다. 주목할 점은 기본 소득과 목돈을 한꺼번에 주는 기본 자본 급여(basic-capital grant) 정책이다. 그렇지만 그의 기본 소득은 무조건적 배분이 아니라 구직 노력 같은 시민 경제에 대한 헌신이라는 조건부 성격을 갖고 있다. 대거에 따르면 기본 소득은 개인의 자기 보호 수단으로서 '사적 소유'에 가치를 두면서도 '평등'을 중시하는 공화주의 정신에 충실한 정책이다(권정임, 2016, 27~29쪽).

페팃은 비지배 자유를 근거로 2007년부터 일관되게 기본 소득을 지지하고 있다.[10] 즉, 그는 '지배에 대항할 권력'의 물적·경제적 기초로, 모든 개인에게 '개별적', '무조건적', '보편적'으로 주어지는 충분한 소득, 곧 기본 소득을 제안한다. 비지배 자유를 달성하기 위해서는 생계를 위해 고용주만이 아니라 복지 행정을 담당하는 정부나 관료에게도 구걸하지 않고서도 '지배자'를 떠날 수 있어야 한다(권정임, 2016, 30~31쪽). 페팃의 주장, 즉 공화주의적 권리

---

10) 이 때문에, 일부 경제학자나 신자유주의 진영은 공유된 선(shared good)과 더 많은 영역에서의 공유를 주장하는 패팃의 공화주의를 '반시장적'이라고 비판한다. 그들은 비지배 자유를 보장한다는 이유로 국가의 반시장적 역할을 용인 또는 조장하는 패팃의 공화주의를 실패한 사회주의, 또는 사회 민주주의의 얄팍한 위장이라고 비판하고 있다(곽준혁, 2010, 38~39쪽). 이러한 비판에 대해 패팃은 "공화주의는 일반적으로 시장에 적대적이지 않으며, 다양한 영역에서 공유를 반대할 어떤 자연적 법도 존재하지 않는다"고 답하였다(곽준혁, 2010, 58쪽).

로서의 기본 소득은 경제적 평등에 한정된 것이 아니라 자유의 개념으로부터 도출된 일종의 정치적 권리이다. 재산이 없는 시민은 자의적 통제에 취약하므로, 공화주의의 자유 즉 비지배로서의 자유 개념에 비추어 볼 때 자유로운 시민으로 적극적인 정치 참여가 불가능하다. 따라서 기본 소득을 통해 모두에게 물질적 생존을 보장하여 지배의 가능성을 억제하고 정치적 자유를 보장해야 한다는 것이 패팃의 일관된 논변이다(조석주, 2021, 65~66쪽).

편향된 중도주의

처방적 공화주의는 한국 사회의 최대 위기로 좌우 진영의 정치적 양극화를 꼽고 있다. 그리고 이를 해결할 유력한 방안으로 중도주의를 내세우고 있다. '중도 지향하는 좌파 출신 우파 이론가'(서울경제. 2014. 12. 25)인 박형준(국회 사무총장)은 21대 총선 직전에 '중도 보수 대통합을 위한 혁신통합추진위원회' 위원장(2020. 1. 9)을 맡은 바 있다.

클럽의 중도주의 지향은 더 명확하다. '한 민족 두 나라', '한 나라 두 국민'이 우리 시대의 슬픈 자화상인데, 이를 해결하기 위한 실마리가 정치적 중도층 회복이다. 왜냐하면, "공화주의는 선동과 대중 조작의 언술에 휘둘리지 않는 결실한 정치적 중도층의 존재를 요구"하기 때문이다

(조민, 2019, 113~114쪽). 채진원은 오늘날의 과두제 민주주의를 극복하기 위한 해법으로 '공화주의적 처방'을 제안한다. 즉, 정치적 양극화와 경제적 양극화에 맞서기 위해 정치적 중도(moderate)와 중산층(middle class)의 강화를 중심으로 부자와 빈민의 이해를 녹여내는 중용과 함께 극단에 치우치지 않고 견제와 균형, 법치주의를 통해 공공선에 도달하려는 공화주의적 처방이 필요하다는 것이다(채진원, 2019a, 123쪽).

선거 전략으로서 중도주의는 정당의 합리적 선택일 수 있으며, 이론적 수준에서 중도를 공화주의와 연관시키는 것도 나름의 근거가 있다. 공화주의의 제도적 원리인 혼합정체에 대해 아리스토텔레스는 민주정과 과두정의 요소가 혼합된 정치 체제로 보았는데, 이는 두 정체의 중용이거나 양자의 혼합을 의미하였다(김재홍, 2018, 120쪽). 혼합정치는 세 가지 방식으로 가능한데, 첫째는 민주정의 규칙(예: 빈자들의 법정 출석에 대한 수당)과 과두정의 규칙(예: 부자들의 불출석에 벌금)을 함께 사용하는 것이고, 둘째는 두 개의 서로 다른 규정들의 평균을 내거나 중간을 취하는 것(예: 재산 자격이 너무 높거나 낮을 때)이다. 셋째는 민주정 규정의 일부(예: 공직 임명에 추첨)와 과두정의 일부 규정(재산 자격제)을 혼합하는 것이다(아리스토텔레스, 2016, 395쪽). 그가 '실제로 가능한 좋은 정체'로 설명한 혼합 정체는 극단적으로 가난한 자나 부유한 자가 지배하지 않고 중간 정도 재산을 가진 중간 계층에 속하는 시민이 중심을 잡고 있을 때 가능하고 선호할 만한 것이다(Forsyth & Keens-Soper, 1988/2009, 89쪽).

그렇지만 처방적 공화주의는 중도를 공화주의의 주요 원리(시민 참여나 공공선, 법치 등) 수준으로 격상하여 확대하고 있다는, 과잉 해석의 문제를 안고 있다. 첫째, 클럽의 중도주의에 대한 특권적 지위의 부여는 포용과 공존이라는 공화주의 원리에 부합하지 않을 수 있다. "공화주의자들은 민주공화국이 가능하기 위해서는 두꺼운 중산층과 중도파가 중심을 잡고 지적 · 도덕적 · 정치적 리더십"을 발휘하는 것이 필요하다고 전제한다(채진원 2019a, 125쪽). 사실, 극단주의에 대한 우려라는 아리스토텔레스의 중도와 중용 개념의 출발은 다수의 빈자 대 소수의 부자라는 당대의 경제적 대립에 따른 것이지 오늘날의 이념적 구분에 의한 것이 아니다. 즉, 산업화 이후의 대중 정치에서 나타난 진보-중도-보수라는 정치 이데올로기의 잣대를 갖고, 공화주의를 중도의 철학으로 환원하는 것은 아전인수의 해석일 수 있다. 더구나 현실 정치 차원에서 특정 정당이나 이념적 지향을 지칭하는 중도주의에 대한 편애는 자칫 공화주의의 본질로써 더욱 강조되고 있는 비지배적 자유의 개념, "다양한 세력이 자유롭고 평등하게 공존할 수 있는 비지배적 상호성, 또는 공동체의 평등한 시민권 즉 이소노미아(isonomia)"(곽준혁, 2005, 49~50쪽)와 상충할 여지가 있다.

둘째, 클럽이 내건 중도주의의 또 다른 문제점은 무게의 중심이 보수로 기울어진 편향된 중도주의라는 것이다. 어떤 점에서 "공화주의는 인민에 의한 정치와 인민을 위한 정치 사이에 존재하며, 그 균형은 산술적 중간이 아니라 무게 중심을 제대로 잡는 것"에 있다(김경희, 2007, 136쪽). 아쉽게도 처방적 공화주의는 진보에 대한 과잉 비판과 보수에 대한 관대함으로 산술적 중간은 물론이고 무게 중심을 확보하는 데 그리 성공하지 못하고 있다. '자유공화주의'나 클럽의 대부분 비판은 정의당, 민주당, 시민 사회, 586, 민주노총에 할애하고 있다.

'자유공화주의'는 서두에서 기존 보수의 권위주의 · 국가주의 · 반공화주의에 대한 '성찰의 원칙'을 제시하고, 그 예로 역대 보수 정권들의 의회와 야당에 대한 무시 경향을 지적하였다(박형준 · 권기문, 2019, 9~10쪽). 그렇지만 보수에 대한 비판적 성찰은 여기까지다. 이어, 진보에 대한 질타와 비판이 장황하게 이어진다. 진보 세력은 "대의

제의 원리가 아니라 촛불 혁명과 광장의 원리, 즉 민중 민주주의를 불러들이고 있으며, 좌파의 시민운동은 시민 사회의 정치화에 가장 크게 기여"했다. 그 결과 우리의 시민사회는 정치의 기반이기보다 '정치에 포획'되고 말았다(박형준 · 권기문, 2019, 141~142쪽).

클럽의 우 편향성 역시 여기저기서 발견할 수 있다. "진보 정당들이 평소 가난한 민중을 대변하는 진보를 자처했지만 실제로는 민주화 운동을 주도했던 민주노총, 전교조, 공무원노조, 대기업 정규직을 주로 대변함으로써 비정규직으로 표현되는 하위 소득의 하층 노동보다는 상위 소득 10%의 상층 노동계급을 과대 대표하면서 그들의 기득권을 과도하게 보호"해 왔다(채진원, 2019, 134쪽). 그리고 그 이면에 "NL의 자주 즉 반외세 = 반미, 반일 논리가 지금까지도 상당 부분 한국 정치의 논리, 역사 인식, 사회 문화적 의식 체계에 깊이 스며들었으며 나아가 정책 결정 과정에서 영향"을 미치고 있을 수 있다(조민, 2020, 148쪽). 같은 맥락에서 "독재와 싸우면서 독재적 습속을 배운 586 그룹이 민주 대 반민주, 진보 대 보수, 애국과 이적이라는 시대착오적인 이분법을 사용하여 공화 정신을 외면"한 결과이다(채진원, 2020, 203쪽).

맺음말

본 논문은 최근 공화주의를 빌려 우리 사회의 방향을 제시하려는 보수와 중도의 이론적 경향이 나타나게 된 배경과 의미를 '자유공화주의'와 클럽의 예를 들어 설명하고자 하였다. 먼저, 강조할 점은 어떤 이념이든 시대에 맞게 자신의 이념을 현대화하고, 유권자나 시민과의 소통을 강화하기 위해 대중화하는 것은 바람직한 자세라는 사실이다. 그런 점에서 "진보의 문제를 정확히 드러내고 보수가 타당한 이념임을 보여 주려면, 보수의 정치 철학과 가치에 대한 성찰이 필수적이며, 그런 문제에 대한 하나의 답안"이라는 '자유공화주의'의 취지는 경청할 만하다(박형준 · 권기문, 2019, 15쪽). "공화국을 국가 형태로만 좁게 가두지 말고 역사 속에서 형성된 공화주의를 바르게 실현토록 경주"하며, 역동적으로 변화하는 현실에 조응하여 공화주의를 현대적 수단에 의해 실현하는 열린 자세를 견지하고, "공화주의에 부합하는 우리의 문화와 정신적 요소를 접목"하자는 클럽의 제안에도 공감한다(한면희, 2020, 66~67쪽). 또한, 공화주의의 등장 배경으로 보수의 위기뿐만 아니라 진보의 무능과 독단이 한몫하였다는 비판도 설득력이 있다. 특히 '동일 노동, 동일 임금제를 통한 고용 주도 성장'

(채진원, 2020, 205쪽)은 어떤 정부라도 적극적으로 검토할 만한 시의적절한 제안이다.

그렇지만 처방적 공화주의는 제한된 시민 참여, 사회 재분배(기본 소득)에 대한 협소한 이해, 편향된 중도주의라는 세 가지 근본적 한계를 안고 있다. 첫째. 처방적 공화주의들은 외견상 공공선 확보를 위해 시민적 덕성을 발휘해 공적 생활에 참여하는 적극적 시민과 시민적 공화주의를 옹호한다. 그러나 자세히 보면, 그들이 강조하는 시민 참여는 시민적 삶의 부수적 기능이거나 아예 비정치적 사회 참여로 한정되어 있다. 그 근거로 그들이 선호하는 참여의 내용이나 단위는 공동체의 근본 문제나 정치적 사안이 아니라 친밀감과 소속감을 중시하는 가족과 이웃, 지역사회로 제한되어 있다는 점을 들 수 있다.

둘째, 곽준혁(2010, 72~74쪽)이 적절하게 지적했듯이 한국의 사회 일각에서 나타난 흥미로운 점은 '사회적 재분배를 위한 공화 가치의 부각'이라는 측면에서 공화주의를 찾는 경향'이 두드러졌다는 점이다. 그러나 필자가 보기에 이러한 경향은 우리나라의 일부 정치권이 아니라 신자유주의 세계화의 흐름에 대한 일단의 공화주의자들의 적극적 대응으로 보는 것이 타당할 것 같다. 그리고 그것의 가장 분명한 정책적 표현이 기본 소득제이다. 여기에는 작업장 공화주의와 기본 소득을 내건 대거의 '공화주의적 시민 경제론'(civic economy)과 재산 및 거기서 유래하는 물질적 · 경제적 독립을 자유의 기초로 명시한 라벤토스(D. Raventós)가 포함된다. 라벤트스의 자유 개념은 '경제적 독립에 기초한 보편적 권리로서의 비지배 자유'로 제시될 수 있으며, 이러한 맥락에서 그는 '생존권으로서의 기본 소득을 모두의 가장 기본적 인권'으로 선언하였다(권정임, 2016, 34쪽).

흥미로운 점은 클럽의 필진 다수가 페팃의 비지배적 자유권을 공화주의의 핵심 원리로 설명하면서도, 페팃이 바로 그 비지배적 자유의 개념으로 기본 소득을 제안하고 옹호하고 있음은 간과하거나 외면하고 있다는 사실이다. 채진원에 따르면, 기본 소득은 (청년 배당, 무상 교복, 무상 산후조리 등과 더불어) 민주적 기본 질서에 저촉될 가능성이 큰 사회주의적 원리가 들어 있는 사회주의적 성향의 급진 정책'이다(채진원, 2019b. 148쪽). 다시 강조하지만, 기본 소득은 공화주의의 대표적인 경제 정책은 아니지만, 그렇다고 거기에서 일탈한 반(反)공화주의 정책도 아니다.

셋째, 이들의 중도주의는 공화주의와 중도의 관계를 제대로 설명하고 있지 못한 이론적 모호함을 갖고 있으며, 한국의 정치 지형에서 우 편향성을 강화할 가능성이 크다.[11]

공화주의는 극단에 대한 안티-테제의 측면이 있지만, 그렇다고 중도와 중산층에 대해 특권적 역할과 지위를 부여하지도 않는다. 왜냐하면, 그렇게 된다면 다수결 논리와 마찬가지로 또 하나의 지배를 잉태하며, 약자와 소수자의 배제를 낳을 수 있기 때문이다. '공화주의의 적'으로 등재된 명단(문재인, 이재명, 민주노총, 전교조, 시민 단체)을 보면, 그들의 중도주의가 무게 중심은커녕 산술적 균형도 확보하지 못하고 있음을 알 수 있다.

공화주의 연구자로서 우리나라에서도 민주적, 시민적, 자유주의적, 애국적, 그리고 중도적이라는 다양한 접두사가 붙는 공화주의가 등장하였다는 사실은 단순한 서구 이론의 소개를 넘어 공화주의 내부의 이념과 대립의 발전적 분화가 시작하였음을 보여 주는 반가운 증표이다. 나아가, 보수와 중도 그룹의 공화주의에 대한 재해석과 관심은 이념과 정책의 기반이 허약한 한국의 정당 정치에 있어서 매

---

11) 총선을 앞둔 시점에서 우 편향 행보를 보여 주는 상징적인 사건이 조정훈(시대전환) 의원에 대한 '클럽'의 집단적 지지 선언이다(2022. 9. 19). 또한, '클럽'과 긴밀한 관계에 있는 공화주의 아카데미(함운경 상임대표)는 이상민 의원실과 토론회("한국 정치의 '빠' 시즘과 민주공화국의 위기")를 개최했다(데일리한국. 2023. 11. 14). 공교롭게도 두 의원은 이미 야당을 탈당하여 여당에 입당하였다.

우 긍정적 현상이다.

그렇지만, 본 연구에서 살펴본 처방적 공화주의는 아직은 그 가능성보다는 한계가 더 큰 것 같다. 이들의 공화주의는 진지한 학문적 검토와 토론, 정치권과 시민 사회의 충분한 공론화를 거치기 이전에, 분열적 정치 상황을 해결할 처방용 패키지의 성격이 강하다.[12] 그렇지만, 그들이 내건 정책적 처방들의 목록 안에는 사실 공화주의라는 이름만 빌려 왔을 뿐, 이미 다른 이론과 노선에서 발전되어 온 제도들이 상당수 포함되어 있다. 더 큰 문제는 규범적 공화주의의 야심에 찬 진단과 처방들이 공화주의의 이론적 발전이나 정치 개혁을 가져오기보다는 한국 사회의 당면 과

---

12) 정치 이념, 특히 보수주의나 공화주의에 대한 정치권의 오해는 심각한 수준이다. 공화주의를 주창하였던 김무성 의원은 "보수라는 용어는 사실 정치 이데올로기가 아님을 인식할 필요"가 있다면서, "정치 이념으로서는 자유 민주주의 시장 경제를 지향하는 우파와 사회주의 계획 경제를 지향하는 좌파로 나누는 게 적합"하다고 말했다(뉴스핌. 2018. 8. 27). 하지만, 역사성과 대중성, 그리고 체계를 갖추었다는 점에서 자유주의, 보수주의, 사회주의를 3대 이데올로기로 인정하고 있는 것이 학계의 정설이다(니스벳, 2007). 더욱 놀라운 점은 김무성 의원의 주장에 대해, 같은 당의 전원책(조강특위) 위원이 "오늘날 현대 민주주의는 이미 공화주의와 동의어이고 이건 서구에선 100년" 됐는데, 이제야 공화주의 깃발을 드는 정치인들에 대해 '공부 좀 하라'고 핀잔을 주었다는 사실이다(중앙일보. 2018. 10. 4).

제를 해결할 수 있는 만능이나 현상 타개를 위한 이념적 응급 처방으로 전락하여 공화주의의 때 이른 소진을 가져올지도 모른다는 우려에 있다.

그리고 이러한 비판은 이러저러한 한국적 공화주의의 처방을 기획하고 있는 진보의 경우에도 똑같이 적용될 수 있다.

참고문헌

강경선(2019). 헌법과 공화국. 『21세기 공화주의』. 인간사랑.

강정인(2009). 니콜로 마키아벨리 – 서양 근대정치사상의 탄생. 강정인 편. 『서양 근대정치사상사』. 책세상.

곽준혁(2005). 민주주의와 공화주의: 헌정체제의 두 가지 원칙. 『한국정치학회보』. 39권 3호, 33~57.

곽준혁(2008). 왜 그리고 어떤 공화주의인가?. 『아세아연구』, 제51권 1호, 133~163.

곽준혁(2010). 『경계와 편견을 넘어서』. 한길사,

권정임(2016). 신공화주의 기본소득론의 비판과 변형. 『시대와 철학』, 27권 3호, 7~52.

김경희(2007). 서구 민주공화주의의 기원과 전개: 아테네에서 르네상스에 이르는 민주와 공화의 변증법. 『정신문화연구』, 30권 1호, 113~139.

김경희(2009). 『공화주의』. 책세상.

김경희(2013). 『공존의 정치: 마키아벨리 군주론의 새로운 이해』. 서강대학교 출판부.

김비환(2014). 『오크숏의 철학과 정치사상』. 한길사.

김상준(2017). 2016-2017년 촛불혁명의 역사적 위상과 목표: '독재의 순환고리 끊기'와 '한반도 양국체제 정립'. 『사회와 이론』, 106호, 63~90.

리차드 대거 저, 전정현 역(2007). 신공화주의와 시민 경제. 『시민과 세계』, 10호, 276~315.

민경국(2005). 뉴라이트, 자유주의 연대, 그리고 하이에키안 자유주

의. 『2005 경제학 공동학술대회 자료집』.

민세명(2021). 한국 보수가 제시한 '자유공화주의' 성립 가능성. 『21세기정치학회보』, 31권 3호, 1~29.

박세일(2006). 『공동체 자유주의: 이념과 정책』. 나남신서.

박찬승(2008). 한국의 근대국가 건설운동과 공화제. 『역사학보』, 200호, 305~344.

박현모(2007). 박정희의 '민주공화주의'관 변화 연구: 『박정희대통령연설문집』을 중심으로. 『동양정치사상사』, 6권 2호, 71~93.

박현모(2007a). 일제시대 공화주의와 복벽주의의 대립: 3·1운동 전후의 왕정복고[復辟]운동을 중심으로. 『정신문화연구』, 30권 1호, 57~76.

박형준·권기문(2019). 『보수의 재구성: 새로운 정치를 위한 자유공화주의 선언』. 메디치.

서정기(2001). 『새 시대를 위한 시경』(하). 살림터.

서희경(2019). 이승만의 민주공화주의 정치운동 연구(1895~1899). 『한국정치연구』, 28권 2호, 31~60.

손호철(2017). 『촛불혁명과 2017체제』. 서강대학교 출판부.

신용인(2010). 민주공화주의에 대한 헌법적 고찰. 『법학논총』, 28권 3호, 339~371.

신용하(1986). 19세기 한국의 근대국가형성 문제와 입헌공화국 수립운동. 『한국의 근대국가형성과 민족문제』. 문학과 지성사.

아리스토텔레스 저, 손명현 역(2016). 『니코마코스 윤리학/정치학/시학』. 동서문화사.

안병진(2008). 『민주화 이후 민주주의와 보수주의 위기의 뿌리』. 풀

빛.

오영섭(2012). 1910-1920년대 『태평양잡지』에 나타난 이승만의 정치사상. 『한국민족운동사연구』. 70집, 41~80.

오현철(2008). 자유주의와 민주주의. 민주화운동기념사업회연구소. 『민주주의 강의2-사상』. 민주화운동기념사업회.

유광호(2017, 11). 탄생 100주년 맞는 박정희는 우리에게 누구였나?. 『월간조선』.

유승민(2017). 『나는 왜 정치를 하는가』. 봄빛서원.

이계일(2011). 공화국 원리의 함의에 대한 이념사적 고찰: 고전적 공화주의 이론의 유형화와 그 법적 구체화의 상관관계를 중심으로. 『법학연구』, 21권 2호, 67~112.

이동수(2007). 개화와 공화민주주의: 독립신문을 중심으로. 『정신문화연구』, 30권 1호, 5~29.

이동수(2010). 르네상스기 이태리 도시국가의 정부: 자유와 법치의 공화정. 『한국정치연구』, 19권 2호, 255~280.

이승현(2006). 신민회(新民會)의 국가건설사상: 공화제를 향하여. 『정신문화연구』, 102호, 55~78.

이영록(2010). 한국에서의 '민주공화국'의 개념사. 『법사학연구』, 42호, 49~83.

이일영(2021, 12, 6). 한국형 중도공화주의의 리더십 모델 탐색. 『제37차 KIPA 공공리더십 세미나 자료집』.

이재철(2017). 2016년~2017년 촛불집회의 정치적 함의: 수도권 유권자 분석. 『사회과학연구』, 24권 4호, 61~82.

이정환(2013). 왕권찬탈과 정통주의 군주제: 전근대 중국, 한국, 일본에서의 '共和'에 대한 재해석의 역사. 『대동문화연구』. 19권 2호, 415~452.

이택선(2015). 이승만의 공화주의와 리더십. 『한국 · 동양정치사상사학회 학술대회 발표논문집』.

임채원 · 도명록(2013). 2012년의 진보-보수 균열과 시민행동주의: 공화주의적 계기 속 바론테제의 적용. 『의정연구』, 19권 1호, 245~281.

장명학(2009). 해방정국과 민주공화주의의 분열: 좌우 이념대립과 민족통일론을 중심으로. 『동양정치사상사』, 8권 1호, 239~260.

장진숙(2012). 『한국에서 공화주의 논의의 의미와 과제』. 성공회대학교 NGO대학원 석사학위 논문.

전지성(2011). 『가로세로 한국사 퍼즐』. 미네르바.

정병기(2017). 68혁명운동과 비교한 2016/2017 촛불 집회의 비판 대상과 참가자 의식. 『동향과 전망』, 101호, 261~291.

정상호(2013). 한국에서 공화(共和) 개념의 발전 과정에 대한 연구. 『현대정치연구』, 6권 2호, 5~35.

정상호(2020). 헌법 제1조의 기원과 변화로 본 '민주공화국'으로서 대한민국. 김동춘 외. 『한국 민주주의 100년, 가치와 문화』. 한울.

정원규(2015). 87년 헌법의 공화주의적 해석을 위한 정치철학적 검토. 『법철학연구』, 18권 1호, 7~64.

정태석(2018). 87년 체제와 시민사회 이데올로기: 가치들의 변화: 촛불혁명과 사회체제 전환의 전망. 『경제와 사회』, 18~61.

조맹기(2014). 이승만의 공화주의 제헌헌법 정신. 『한국출판학연구』, 40권 1호, 189~215.

조민(2019). 민주공화국: 통합과 공존의 정치 구현. 『21세기 공화주의』. 인간사랑.

조민(2020). 한국현대사 백년의 재조명: 배반의 역사인가 성공의 신화인가. 21세기 공화주의 클럽 편. 『21세기 공화주의와 공동선, 한국』. 인간사랑.

조석주(2021). 기본소득의 규범적 정치이론: 좌파자유지상주의와 공화주의 이론에 대한 검토. 『사회과학연구』, 47권 3호, 55~72.

조승래(2010). 『공화국을 위하여』. 길.

채진원(2016). 『무엇이 우리정치를 위협하는가(양극화에 맞서는 21세기 중도정치)』. 인물과 사상사.

채진원(2019a). 민주주의, 민족(국가)주의, 세계시민주의 그리고 공화주의. 한국정치평론학회 편. 『공화주의의 이론과 실제』. 인간사랑.

채진원(2019b). 『공화주의와 경쟁하는 적들』. 푸른 길.

황준성(2006). 한국 시장경제에서 하이에키안 자유주의와 오이케니안 자유주의의 비교. 『질서경제저널』, 9권 2호, 23~45.

21세기 공화주의 클럽(2019). 『21세기 공화주의』. 인간사랑.

21세기 공화주의 클럽(2020). 『21세기 공화주의와 공동선, 한국』. 인간사랑.

Ainsworth, S. H.(2002). *Analyzing interest politics: Group influence on people and policies*. W. W. Norton & Company.

Berry, J. M.(1997). *The interest group society*. New york, NY: Longman.

Dalton, R. J.(2008). *The good citizen: How a younger generation is reshaping American politics*. Washington D.C.: CQ Press.

Forsyth, M., & Keens-Soper, H. M. A.(1988). *A guide to the political classics: Plato to Rousseau*. 부남철 역(2009). 『서양정치사상입문』. 한울아카데미.

Inglehart, R., & Welzel, C.(2005). *Modernization, cultural change, and democracy: The human development sequence*. 지은주 역(2011). 『민주주의는 어떻게 오는가: 근대화, 문화적 이동, 가치관의 변화로 읽는 민주주의의 발전 지도』. 김영사.

Pettit, P.(1999). *Republicanism: A theory of freedom and government*. 곽준혁 역(2012). 『신공화주의: 비지배 자유와 공화주의 정부』. 나남.

Pocock, . G. A.(1975). *The Machiavellian moment: Florentine political thought and the Atlantic republican tradition*. 곽차섭 역(2011). 『마키아벨리언 모멘트: 피렌체 정치사상과 대서양의 공화주의 전통』 1 · 2. 나남.

Nisbet, R. A.(1986). *Conservatism*. 강정인 역(2007). 『보수주의』. 이후.

Kramnick, I.(1982). Republican revisionism revisited. *The American Historical Review*, *87*(3), 629~664.

02

한국 '검찰 통치'의 기원
민주적 공화주의의 시각

장은주 영산대학교

들어가는 글

2016~2017년의 '촛불 혁명'이 '문재인 정부'의 탄생과 비교적 성공적인 순항으로 이어질 때만 해도 많은 이들은 한국 민주주의가 충분히 성숙한 모습으로 안착하고 있다고 평가했다. 여전히 많은 문제가 남아 있었지만, 단계적으로나마 하나하나 해결될 것이라 기대했다. 국제적인 평가도 좋았다. 『이코노미스트(The Economist)』의 인텔리전스 유닛(Intelligence Unit)은 매년 발표하는 "민주주의 지수(Democarcy Index)" 조사에서 문재인 정부 시기 이후 한국 민주주의의 수준을 '완전한 민주주의(full democracy)'라고 평가할 정도였다.[13] 그러나 윤석열 정부 출범 이후 한국의 민주주의는 여러 가지 면에서 심각한 퇴행 증상을

보였다.

윤석열 대통령은 검찰총장 출신답게 무엇보다도 '법치'를 강조하는 통치 스타일을 보여 주었다. 그렇지만 그 법치는 야당 인사들에 대한 정치적인 목적에 따른 자의적이고 편파적인 수사와 기소, 검찰 출신 법조인의 정부 요직 장악, 국회가 제정한 법률을 우회하는 이른바 '시행령 통치' 등으로 표현되었다. 그런 법치는 제대로 된 의미의 '법의 지배(rule of law)'라기보다는 '법을 수단으로 한 지배(rule by law)'라고 해야 마땅하다.

또 그는 '자유민주주의'를 자신의 정치가 추구하는 이념이라고 내세우며, 아주 강경하게 '이념 전쟁'도 벌였다. 그러나 그의 통치 양식은 오히려 권위주의에 가까웠다. 이른바 '입틀막' 사건에서처럼 시민들의 자유로운 의사 표현을 용납하지 않았고, 무엇보다도 비판적인 언론에 대해 비상식적인 제재를 가하는 등 가장 기본적인 언론의 자유부터 다양하고 기괴한 방식으로 침해했다. 이런 배경 위에서 최근 스웨덴의 민주주의다양성연구소(V-Dem)는 "2024 민주주의 보고서(Democracy Report 2024)"에서 한국의 민

---

13) 점수와 순위는 약간 떨어져도 이런 평가는 적어도 현재까지는 계속되고 있다.

주주의가 '독재화(autocratization)'의 길을 가고 있다는 평가를 내놓기도 했다. 그것도 의미 있는 수준의 민주화 이후 짧은 시간 안에 다시 민주화 이전 권위주의 체제 수준으로 퇴행하는 독재화("Bell-turn" autocratization) 유형에 속하는 것으로 분류했다(V-Dem Institute, 2024, pp. 25～26)[14].

왜 이런 일이 일어난 것일까? 이런 통치 양식을 선보였던 윤석열 정권의 성격을 어떻게 규정할 수 있을까? 다양한 시각이 가능할 법한데, 의외로 논의가 많지 않다. 아마도 집권 중인 정부에 대한 비판적이고 객관적인 거리 두기가 쉽지 않기 때문일 터다. 많은 이들이 '검란(검찰 쿠테타)'이라고 규정했던 집권 과정부터 지금의 통치 양식에 이르기까지, 윤 대통령의 '검찰 정체성'과 분리시켜서는 이해할 수 없는 이런 종류의 정권은 어떤 세계사적 유례를 찾기 힘들기도 할 것이다. 그런 만큼 이 정권의 성격을 특정 이론적 틀로 간명하게 규정하기는 쉽지 않아 보인다.

어쩌면 우리는 윤석열 대통령의 정치를 전 세계적으로 기승을 부리고 있는 '우익 포퓰리즘'의 한국적 변종이라는

14) Bell-turn의 반대 개념은 독재화에서 다시 민주화로 진행하는 "U-turn"이다. 25쪽. Box 5.

관점에서 접근할 수 있을지 모르겠다. 사실 윤석열 대통령은 취임 과정에서부터 지금까지 미국의 트럼프 대통령 등에 비견되는 포퓰리스트의 면모를 자주 보였다. 정치적 경쟁 상대를 기득권 세력으로 규정하며 적대화한다든가, 노동조합 등에 대해 '카르텔' 딱지를 붙이며 공격한다든가, 젠더와 세대 갈등을 부추긴다든가 하는 것들이 그 예다.

그러나 윤석열 대통령의 정치를 마냥 서구의 극우 포퓰리즘 정치와 같은 선상에 세우기 힘든 측면도 있다. 무엇보다도 이 정부는 법인세율이나 종부세 인하에서부터 노동 시간 연장 시도는 물론 다주택자에 대한 각종 부동산 규제조치 완화에 이르기까지 부자와 기득권 세력을 위한 정책 등을 집요하게 관철시키고 있는데, 이는 서구의 극우 포퓰리즘에서는 보기 힘든 모습이다.

포퓰리즘에 대한 다양한 이해가 가능하겠지만, 나는 이를 기본적으로 어떤 '오도된 민주주의'라고 이해한다. 포퓰리즘은 인민의 자기 지배라는 민주주의의 원리를 부정하지 않고 오히려 강력하게 전제하지만, 그 인민은 공동체의 전체 주권자 인민이 아니라 정치적으로 주변화되었다고 간주되는 일부 평범한 사람들이다. 이 착한 진짜 인민들이 '우리'로 뭉쳐서 그런 소외를 만들어 낸 엘리트나 다른 타락한 존재들인 '그들'을 몰아내고 권력을 장악해야 한

다는 게 포퓰리즘의 핵심적인 정치 논리다.[15)]

이런 일반적인 인식틀에서 보면, 윤 대통령의 유사-포퓰리즘 정치에서는 기득권 엘리트가 엉뚱하게 설정되어 있다. 미국의 트럼프만 해도 하층 백인 육체노동자를 앞세우며 이들을 위한 반-세계화 보호주의나 일자리 창출 정책 같은 것을 자신의 정치적 자산으로 삼았는데, 윤 대통령의 경우에는 오히려 다른 나라의 경우라면 가장 핵심적인 인민에 속할 노동자 계층 등을 타파해야 할 적으로 상정한다. 굳이 그의 정치를 포퓰리즘으로 이해하고자 한다면, 그것은 말하자면 '거꾸로 선 포퓰리즘'이다(장은주, 2022. 12. 28).

그런데 윤석열 정권의 출현을 단순한 풍자를 넘어 제대로 된 포퓰리즘 현상으로 이해하려면, 그 배경과 정치적 기반에 놓여 있는 '포퓰리즘적 계기'에 대한 분석이 필요할 것이다. 하지만 이 점과 관련해서도 한국의 상황은 역시 서구 사회들에서 나타나는 포퓰리즘 양상과 매우 다른 모습을 보인다. 서구의 경우 포퓰리스트에 호응하는 주된 계층은 이주민의 증가 등으로 인해 일자리나 복지 수혜 등에서 위기의식을 느낀 노동자들이다. 그래서 서구의 포퓰리

15) 포퓰리즘과 관련해서 특히 김주호(2023)의 논의를 참조했다.

즘을 21세기의 '새로운 사회주의'라고 할 정도다(Goodhart, 2017/2019, 63쪽). 그러나 우리의 경우 윤석열 대통령에 대한 확고한 지지는 지역주의 기반의 전통적인 보수 진영에서 나왔다. 포퓰리즘이라는 틀에서 윤석열 정부를 이해할 수 있다고 해도, 말하자면 그 한국적 특수성의 배경을 더 잘 조명할 필요가 있다.

나는 이 글에서 '민주적 공화주의'라는 정치철학적 관점에서 조금 다른 초점을 가진 접근을 해 보려 한다. 윤석열 정부는 어떤 우연의 결과물이기는 하다. 20대 대선에서 패자와의 표차는 35만 표 정도에 불과했다. 그러나 시선을 크게 가져가서 보면, 윤석열 정부는 일정한 역사적 배경과 한국 사회가 가진 어떤 정치 구조적 취약성이라는 바탕 위에서 탄생했다고 해야 한다. 나는 윤석열 정부를, 단순히 그냥 우연히 검찰이 주도적 역할을 하게 된 정부가 아니라, 현대 자유 민주주의에 일정하게 내재하는 '사법 통치(체제)(juristocracy)'의 한국적 변종인 '검찰 통치(체제)(prosecutocracy)'라는 차원에서 이해해야 한다고 본다. 그리고 이 변종성은 오랜 유교 전통과 연결된 '정치적 능력주의(political meritocracy)'라는 배경 위에서 발현된 것이라고 여긴다.

윤석열 정권의 성격을 이렇게 이해할 경우, 우리 민주

주의의 회복과 성숙을 위해서는 단순히 윤석열 정부에 대한 '심판'이나 '정권 교체'를 넘어 자유 민주주의의 한계를 극복할 수 있는 새로운 민주적-공화적 헌정 체제가 필요하다는 결론이 도출될 수 있다.

논의의 진행 순서는 이렇다. 우선, 민주적 공화주의의 관점에서 서술된 대한민국이라는 민주공화국의 성립 과정에 대한 정치철학적 계보학에 비추어 윤석열 정권의 위상을 규정해 볼 것이다. 다음으로, 그 바탕 위에서 한국 검찰 통치의 한 배경으로 한국의 민주주의가 사실은 정치적 능력주의를 기반으로 한 '능력주의적 과두정' 상태에 머물러 있다는 점을 지적한다. 나아가, 서구에서 발전한 '자유 민주주의'가 기본적으로 '사법 통치'의 원리를 내장하고 있음을 보인 뒤, 한국의 경우 왜곡된 또는 사이비 자유 민주주의라는 배경 위에서 그런 사법 통치의 경향이 검찰 통치로 발현했다고 주장하려 한다. 마지막으로, 결론을 대신하는 차원의 짧은 논의지만, 검찰 통치의 참된 극복을 위해서는 자유 민주주의의 한계를 넘어서는 새로운 민주적-공화적 헌정 체제에 대한 모색이 필요하다는 점을 확인하면서 논의를 마무리 할 것이다.

민주공화국 대한민국의 발전사에 비추어 본 윤석열 정권

본격적인 논의에 앞서 우선 한국 민주주의의 특성을 이해하고 평가하기 위한 민주적 공화주의의 기본적 인식틀을 간단히 소개하려 한다. 이것은 윤석열 정부의 검찰 통치가 도대체 어떤 차원에서 문제적인지를 짚기 위한 배경을 확인하기 위함이다. 지금 문제는 단지 윤석열 대통령이 검찰총장 출신이라는 사실이나 그의 개인적인 수준의 권위주의적 성격 같은 데에만 있는 건 아니기 때문이다. 거시적이고 구조적인 차원에서 이 정부의 위상을 규명하기 위해서는 이런 정치철학적 인식틀이 필요하다.

민주적 공화주의는 기본적으로 특별히 '민주적인' 지향을 강조하는 공화주의, 곧 평민/시민(인민)의 주권성과 중심성의 원리 위에선 공화주의다. 그런 점에서 이 민주적 공화주의는 무엇보다도 사회의 기득권 세력이나 엘리트에 무게 중심을 두는 '귀족적' 공화주의 전통과 대비된다. 민주적 공화주의는 또한 시민적 주체라는 기반 위에서, 모든 시민의 평등한 존엄성의 보호와 실현이라는 도덕적 이상을 담고 있는 민주공화국의 해방적 잠재력을 활성화하는 가운데, 모든 시민의 존엄한 인간적 삶의 도덕적 깊이를 심화하고 그 너비를 확대하려는 '진보적' 공화주의다. 이런 점에서 공화주의를 이야기하면서도 이런 민주적-진보적 핵심을 놓친 채 다양한 사회 및 정치 세력의 타협과 균형만을 강조하는 '보수적'이거나 '중도적'인 공화주의와도 구별된다.[16] 그러나 무엇보다도 민주적 공화주의는 지금까지 지배적이었던 '자유주의적' 패러다임과는 다르게 한국 민주주의를 이해하는 접근법을 제시한다.

지금까지 한국 민주주의를 이해하는 주된 패러다임의 핵심어는 최장집이 이야기한 '조숙한 민주주의'(최장집, 2010)라고 할 수 있다. 이에 따르면, 우리 민주주의는 서구, 특히 미국으로부터 빌려 온 자유 민주주의라는 외형적 틀을 갖고 있지만 사회 내부의 주 · 객관적인 조건은 그에 필요한 만큼 충분히 성숙하지 못했다. 한국의 민주주의는 내적인 문화적 · 사회적 기반을 갖지 못한 상태에서 미군정이 보통 선거제를 강요하는 방식으로 외부로부터 도입되었다. 이 계기 이전의 한국 역사에서는 민주주의를 위한 그 어떤 토대나 바탕도 없었다. 유시민도 비슷한 맥락에서

16) 우리나라에서는 무엇보다도 박형준·권기돈(2019) 등의 '자유공화주의'와 강경선·채진원 등의 '21세기 공화주의 클럽'(2019)이 이런 흐름을 대변한다. 이에 대한 비판적 논의로는 정상호(2024)를 참조.

한국의 민주주의를 '후불제 민주주의'라고 부르기도 했다(유시민, 2009).

이런 접근법에 대해서는 무엇보다도 그 서구 중심성을 문제 삼을 수 있다. 여기서 한국 민주주의는 단적으로 서구로부터의 수입품일 뿐이다. 예컨대 김정인(2018)은 이런 접근법이 우리 민주주의의 역사적 토대나 전사를 제대로 포착하지 못한다고 지적한다. 그에 따르면, 우리 민주주의 기원에는 만민 평등, 저항운동, 집단 민주주의 문화가 배경으로 있었던 바, 1919년의 3・1운동과 민주공화정 선포는 어떤 일회적이고 우연적인 사건이 아니라 100여 년 동안 진행되었던 바로 그러한 민주주의 문화의 축적 위에서 가능했다.

나는 이에 더해 이런 접근법이 가진 기본적인 자유주의적 시선의 한계도 함께 지적하고자 한다. 여기서 내가 특별히 문제 삼고자 하는 것은 이런 자유주의적 시선에서만 보면 우리 민주주의의 전사에 놓여 있는 유교의 정치적 전통이 갖는 의미가 제대로 포착되지 못한다는 점이다. 그러니까 그런 시선에서 우리의 유교 전통은 우리가 추구해야 할 자유주의적 민주주의와는 너무도 거리가 멀기에 하루빨리 극복해야 할 대상일 뿐이다. 그러다 보니 우리 민주주의의 기원과 관련하여 유교 전통과 맞닿아 있는 많은 사건이나 계기가 제대로 주목되지 못했다. 김정인의 논의에서도 이런 유교적 배경은 충분히 고려되고 있지 않다.

민주적 공화주의는 다른 접근법을 제시한다(자세한 논의는 장은주 2023, 2024 참조). 이 민주적 공화주의는 서구 공화주의 전통 및 최근 페팃(P. Pettit) 등이 발전시키고 있는 '신로마공화주의'의 기본적 인식틀을 수용하면서도 우리의 문화적, 역사적, 정치적 전통을 바탕에 두고 인민 주권의 이념이 최선의 방식으로 실현되는 공화국의 이상을 추구하는, 말하자면 동양과 서양을 아우르며 보편화된 공화주의를 지향한다. 그래서 조선 같은 동아시아 사회의 유교적 정치 전통을 공화주의적으로 재구성하려 한다. 이런 접근은 앞서 언급했던 서구 중심적인 자유주의에서와는 달리 이 유교적 정치 전통이 민주주의와 근본적으로 대립되거나 이질적이라고 보지 않는다. 오히려 우리는 이 유교 전통에 주목할 때 한국 민주주의가 지닌 놀라운 잠재력과 고유한 특성을 더 잘 파악할 수 있다고 본다(Chang, 2021). 한국 민주주의를 배태하고 있는 대한민국이라는 민주공화국에 대해 정치철학적 관점에서 그 발전사를 간략하게만 살펴보자(자세하게는 장은주, 2023; 장은주, 2024, 73쪽 이하 참조).

서구의 공화주의는 '혼합정(the mixed constitiution;

government)'에 대한 핵심적 지향을 필두로 몇 가지 특징적인 요소를 갖고 있었다. 타인의 자의적 간섭에 종속되지 않는 상태로 이해되는 자유, 곧 '비-지배(non- domination) 자유'와 그것을 가능하게 해 주는 법치의 이념, 시민들의 적극적인 정치 참여 및 공동선에 대한 헌신의 자세와 태도, 곧 시민적 덕성에 대한 강조 등이 그것들이다. 나는 동아시아의 유교 전통도 그런 특징과 관련하여 서구의 공화주의 전통과 일정하게 일맥상통하는 부분이 있다고 본다.

나는 무엇보다도 서구 공화주의 전통이 중시했던 혼합정 개념에 주목한다. 이 혼합정 개념은 개념적으로는 왕정, 귀족정, 민주정이 혼합된 정체로 이해되는데, 바로 공화국(정)의 핵심 의미이자 그 자체로 공화국(정)과 같은 개념으로 받아들여졌다. 흥미롭게도 유교적-성리학적 정치 전통은 '군신공치(君臣共治)'의 이념을 강조했는데(余英時, 2004/2015), 나는 이것을 모종의 동아시아적 형식의 혼합정으로 이해할 수 있다고 본다.

이런 이해의 바탕에는 모든 정치 공동체는 그 지속성과 안정성을 확보하려면 다양한 사회 및 정치 세력들이 나름의 공동선에 대한 합의 속에서 일정한 타협과 균형을 추구할 수밖에 없다는 기본 인식이 깔려 있다. 우리는 이것을 '공동선의 정치'에 대한 지향이라고 할 수 있는데, 내 생각에 이런 지향은 보편적이지만 역사적 상황이나 정치 이데올로기 등에 따라 다양한 양상으로 나타날 수 있다. 우리가 혼합정을 본래의 서구적 논의 틀에서 해방시켜 다양한 사회 세력들 사이의 권력 분점과 견제 및 조화에 대한 헌정적 틀이라고 이해할 수 있다면, 그런 혼합정으로서의 공화정은 단지 서구에서만 고유하게 발전한 것이라 할 수 없다. 동아시아적-유교적 군신공치 체제 역시 같은 맥락에서 이해할 수 있다는 게 내 생각이다.

그러니까 우리는 공화정을 단지 서구 사회에서만 발전된 것으로 이해할 것이 아니라, 기본적으로 모든 정치 공동체가 내재화하고 있을 수밖에 없는 사회적 갈등 속에서 주요 사회 세력들 사이의 일정한 타협과 균형이 성립한 곳에서는 어디서나 탄생할 수 있는 정체라고 보아야 한다. 우리나라를 포함한 동아시아의 정치적 전통도 이런 차원에서 이해할 수 있다. 그렇다면 조선은 왕정의 요소와 귀족정의 요소가 섞인 독특한 유형의 혼합정을 갖고 있었다고 이해할 수 있다. 만약 그렇다면, 이와 같은 조선의 유사-공화정 또는 원형적 공화정이 일제 침략에 따른 왕권의 상실 이후 민주적 공화정으로 전환되기 위해 무슨 대단한 역사적 곡예 같은 게 필요하지는 않았을 것이다. 그런 전환은 말하자면 자연스러운 역사적 전개의 결과라고 볼 수 있다는 이야기다.

상하이 임시정부가 반포한 '대한민국 임시헌장'의 초안을 작성했던 조소앙이 기초한 「대동단결선언」(1917/2019)은 이러한 역사적 계보를 단적으로 보여 준다. 그 선언은 순종 임금이 국권 포기를 선언하자마자 "황제권이 소멸한 때가 바로 민권이 발생한 때"라면서 주권의 연속성과 민(民)이 주인이 되는 민주적 공화국 건설의 필연성을 분명히 했다. 대한민국이라는 민주공화국의 이런 계보를 잘 이해하고 있었던 우리 '건국의 아버지들'에게는 독립하여 건설될 새로운 국가가 민, 곧 보통의 평범한 사람들이 주권을 갖고 나라의 운명과 방향을 스스로 결정할 수 있는 나라, 곧 민주공화국이 되어야 한다는 건 너무도 자명한 일이었다. 상하이 임시정부에 모였던 독립 운동가들 누구도 무슨 왕정복고 같은 것을 지향하지는 않았고, 누구도 독립된 대한민국이 민주공화제를 채택해야 한다는 데 대해서 의심하지 않았다. 그들이 채택한 민주공화국이라는 개념은 결코 무슨 서구의 모방이나 수입인 것이 아니라, 나름의 역사적 필연성을 갖고 있었다는 이야기다. 이러한 관점에서 볼 때, 독립운동의 의미를 폄훼하며 1948년 8월 15일 대한민국 정부 수립일을 '건국절'로 삼아야 한다는 뉴라이트 식 역사관은 이와 같은 대한민국이라는 민주공화국의 긴 역사적 계보를 완전히 무시한 정치적 선동이 아닐 수 없다.

다시 말하지만, 우리는 공화정을 기본적으로 모든 정치 공동체가 내재화하고 있을 수밖에 없는 사회적 갈등 속에서 주요 사회 세력들 사이에 일정한 타협과 균형이 성립한 곳이라면 어디서나 탄생할 수 있는 정체라고 이해해야 한다. 그리고 '민주적' 공화정은 그러한 타협과 균형에 대한 요구가 필요로 하는 정치적 전제들이 실현되는 과정에서 인민, 곧 평범한 사람들의 정치적 주권성과 주도성이 인정될 때, 가령 의회의 도입이나 선거 같은 필수적인 제도적 형식들이 마련되면서 탄생한 것이라 할 수 있다. 우리 대한민국도, 단순히 무슨 외래의 모델을 모방한 산물이 아니라, 그러한 민주공화정의 다양한 역사적 실현태 중의 하나라고 이해할 수 있다.

그러나 한반도에 온전하고 실질적인 민주공화국을 건설하는 일은 쉽지는 않았다. 먼저, 임시정부의 민주공화국 수립 선언은 일단은 식민지 상황에서 국가성의 실질적 토대가 없던 상태에서 이루어진 것이었음을 부정할 수는 없다. 일제로부터 해방되어 민주공화국을 정체로 규정한 헌법을 가진 대한민국 정부가 실제로 수립된 이후에도, 우리나라는 오랫동안 제대로 된 민주공화국으로서 면모를 갖추지 못했다고 해야 한다. 주지하는 대로, 무엇보다도 식

민지 시대의 '부일 귀족'과 '군부'에 뿌리를 둔 소수 엘리트가 신생 민주공화국의 사회적 · 정치적 삶을 주도하고 지배하는 상태가 상당한 기간 지속되었기 때문이다. 그러니까 대한민국은 그 헌법적 정체성 규정에도 불구하고 오랫동안 제대로 된 '민주' 공화국이 되지 못하고 '(유사-)귀족적' 공화국 상태에 있었다고 해야 한다.

우리는 이 땅에서 1987년 '민주화' 이후에야 비로소 민주공화국이라는 정체 규정에 다소간 부합하는 나라를 갖게 되었다고 해야 한다. 그 민주화를 통해서 대한민국은 얼마간 실질적으로 작동하는 헌정 체제를 갖출 수 있었고, 무엇보다도 시민들은 제대로 주권자로 인정되고 투표나 시위 같은 절차를 통해 권력을 가진 엘리트들에 대해 책임성을 요구할 수 있게 되었다. 그리고 그 엘리트들의 권력 행사를 감시하고 부패를 고발하며 통제할 수 있는 위치에 설 수 있게 되었다. 물론 아직도 온전한 민주공화국이 되기 위해서는 다양한 차원의 제약과 한계를 극복해야 한다는 과제를 남기고 있다고 해야 한다. 무엇보다도 '대통령 직선제'라는 차원에만 초점을 둔 민주주의에 대한 좁은 이해는 그 민주주의가 모든 시민의 평등한 존엄성에 대한 상호 인정을 원리로 하는 '공화' 체제 속에 착근할 수 있어야 한다는 점이 제대로 인식되지 못했다.[17)]

특히 우리 사회의 엘리트들, 그러니까 경제, 행정, 사법, 언론, 종교 등의 영역에서 확고한 사회적 권력을 가진 이들의 저항이 심각하고 집요하다. 그들은 대한민국을 계속 유사-귀족적 공화정 상태에 묶어 두려 하거나 퇴행시키려 했다. 그래서 이들은 민주화 이후에도 자신들의 권력에 대한 시민들의 정치적 통제를 최소화하려 했다. 또 그래서 그들은, 이제 민주적 정당성을 내세우며, 정치권력마저 움켜쥐고 자신들의 지배적 역할을 포기하지 않으려 했다.

1990년 이른바 '3당 합당'을 통해 탄생한 민주자유당 이후 한나라당이나 새누리당을 거쳐 지금의 국민의힘에 이르기까지 이 나라의 수구적 보수 정당의 기본 역할이 그것이었다. 이를 위해 그들은 언론이나 종교 등을 통한 사회적 영향력을 활용하고 지역주의를 조장했으며, 분단이라는 민족적 비극을 정치적으로 오도했다. 지난 대통령 선거에서는 남성과 여성, 기성세대와 청년 등을 갈라치기함으로써 지지를 얻으려는 포퓰리즘 전략마저 동원하는 모습을 보였다. 이런 과정을 통해 민주화 이후에도 우리 사회에서

17) 여기서 자세히 논의할 수는 없지만, 나는 이를 한국 민주주의의 '공화화'에 대한 과제로 인식한다. 자세한 논의는 장은주(2023 및 2024, 제2장)을 참고하라.

는 귀족적 엘리트들의 지배가 그 심층에서 지속되었다.

윤석열 검찰 통치도 바로 이런 배경 위에서 탄생했다. 그리고 이런 맥락에서 나는 이 정부의 기본적인 성격을 다름 아닌 민주공화국을 모종의 유사-귀족적 공화정으로 퇴행시키려는 우리 사회 기득권 세력의 시도라는 맥락에서 이해할 수 있다고 본다. 이런 시도는 대한민국이라는 민주공화국의 해방적 잠재력을 무화시키거나 부정하려 한다. 민주적 공화주의에서는 시민의 존엄과 자유를 보호하는 게 민주공화국의 일차적인 목적이다. 그리고 법은 시민들 사이에 생겨날 수 있는 지배의 관계를 막기 위한 수단이어야 한다. 그러나 지금 한국 검찰은 외려 시민들을 지배(공적 지배, imperium)하는 수단으로 바로 그 법을 사용하고 있다. 민주공화국의 이념이 조롱당하고 있다.

정치적 능력주의와 '능력주의적 과두정'

이제 우리 사회의 기득권 세력이 만들고 싶어 하는 이 유사-귀족적 공화정의 성격을 좀 더 규명해 보자. 이를 위해서는 오랜 유교적 전통에 뿌리를 둔 능력주의(meritocracy)가 지닌 정치적 의미에 주목해 볼 필요가 있다. 이 능력주의는 1958년 영국의 사회학자 마이클 영(Young, 1958/2020)이 처음 만들어 내서 일반화시킨 개념으로, 일반적으로 사회 경제적 수준에서 '능력과 노력에 따른 분배'만이 정당하다고 믿는 분배 정의에 관한 이데올로기로 이해된다. 특히 자본주의 사회에서 평등한 시민들 사이에서 사회경제적 불평등이 산출되는 이유를 설명하고 그것을 공정하다고 정당화하는 기능을 한다. 그런데 이 능력주의에 관한 본래 발상은 고대 중국에서, 그것도 정치적인 차원에서 나온 것이다. 지금 맥락에서 중요한 것은 바로 이런 차원의 '정치적 능력주의'다(장은주, 2021a; 장은주, 2021b, 제5장; Bell, 2015/2017; Bell & Li, 2013;).

중국의 유교 전통은 오래전부터 이상적인 사회[대동(大同) 사회]에서는 '현명하고 능력 있는 사람'이 나라의 일을 관장해야 한다는 능력주의적인 '선현여능(選賢與能)'의 이념을 발전시켰다[『예기(禮記)』「예운(禮運)」 편]. 이에 따르면, 요순시대 요 임금과 순 임금이 그랬던 것처럼, 왕위는 세습하지 않고 현명하고 능력 있는 이에게 '선양(禪讓)'을 하는 것이 바람직하다. 이런 이념은 정념에 휘둘리지 않고 냉철한 이성과 지혜를 가진 철학자들이야말로 가장 이상적인 통치자가 될 수 있다고 보았던 플라톤의 철인국가론에 비견될 수 있다.

나아가 그 이념에 따르면 이상 사회에서는 또한 학문과 수양을 통해 올바른 통치를 수행할 지혜와 능력을 지녔다고 평가되는 신하들이 정치의 중심을 형성하게 해야 한다. 이런 이상은 2000여 년 전 중국의 수 · 당 시대를 거치면서 시험을 통해 학문적으로 뛰어난 성취를 보이는 사람을 선발하여 관료가 되도록 하는 '과거 제도'의 발전으로 이어졌다. 서양의 능력주의는 근대 이후 이런 중국의 제도와 관행을 모방하면서 발전한 것이다.

그런데 이런 능력주의는, 오늘날 우리가 '기회의 평등'이라고 부르는 특정한 도덕적 평등주의 이념 없이는 제대로 작동할 수 없다. 누구든 가문 같은 사회적 지위의 영향과는 별개로, 자신이 가진 능력과 지혜를 제대로 평가받을 수 있는 기회를 가져야 하기 때문이다. 이런 기본 원리는 중국에서도 마찬가지였다. 유교 전통은 아주 특이한 도덕적 평등주의 전통을 발전시켰다(Tao, 2012). 유교의 고전가들은 모든 사람의 잠재적인 도덕적 평등을 믿었다. 물론 이것은 모든 개인의 도덕적 가치가 평등하다고 보는 서구 근대 사회에서 발전한 이념과는 다르다. 왜냐하면, 유교는 개개인들이 보이는 자기 수양의 정도 차이를 긍정해야 한다고 보았기 때문이다. 다시 말해 엄정한 자기 수양을 통해 높은 도덕성의 수준에 이른 사람은 사회의 지배층이 될 수 있지만, 그런 수양에 실패한 사람은 낮은 신분 상태에 머무르는 게 옳다는 것이다(장은주, 2014).

이런 출발점은 흥미로운 사회 정치적 귀결을 낳았다. 동아시아의 유교화된 사회에서는 서구에서와 같은 세습 귀족은 존재하지 않았거나 존재했더라도 그 위상은 미미했다. 왜냐하면, 모두가 자기 수양과 배움(학문)을 통해 귀족, 곧 선비가 될 수 있었기 때문이다. 그리고 그런 선비가 될 기회는 원칙적으로 사회의 모든 성원에 개방되어 있어야만 했다.[18] 그렇지 않을 경우 그러한 개방에 대한 사회적 압력이 거세질 수밖에 없었다. 나아가 사회 대부분의 성원들은 그런 기회를 얻기 위해 많은 노력을 기울이게 되었다.

성리학의 기반 위에 세워졌던 조선 시대 이후 중국에서 수입된 능력주의는 이 땅에서도 아주 깊이 뿌리를 내렸다. 근대에 들어서도 메이지 유신을 주도한 일본의 유교적 사무라이들이 근대적 과거 제도로 만들어 우리에게 전해 준 '고시' 제도는 지금까지도 우리 사회 전반에 큰 영향을 미치고 있다. 돌이켜보면, 한국의 근대화 과정은 이 땅에 뿌리내린 그 능력주의 문화에 크게 힘입었다. 우리 국민은

18) 중국의 경우 노예(비)도 아예 존재하지 않았다.

누구든 능력을 계발하는 데서 게을리하지 않는 사람들만 이 성공할 수 있다는 믿음 아래 열심히 공부하고 실력을 갖춤으로써 기적적인 경제 발전의 원동력을 만들었다. 지금 한국의 지배 엘리트들은 자신들의 사회적 지위와 권력을 바로 이 능력주의로 정당화한다.

나아가 정치적으로도 지배 엘리트들의 이런저런 '반칙'과 '특권'에 대해 원천적인 능력주의적 거부감을 가진 시민들의 열정이 민주주의를 일궈 내고 발전시키는 데서 큰 역할을 했다. 한국의 시민들은 사회의 불의에 대한 '민주적 우환의식'으로 무장하고서 우리 사회의 과두 특권 세력이 저지르는 반칙에 대한 날카로운 비판의식과 불굴의 저항 의지를 보이며 오랜 세월을 투쟁했다.[19] 이승만의 부정 선거에 맞선 4·19혁명은 물론이고, 박정희 유신 체제와 전두환 폭압 체제 아래에서 이루어진 민주화운동, 그리고 노무현 대통령 탄핵 반대 운동이나 최근의 박근혜 대통령 탄핵 과정에서 바로 그런 능력주의 기반의 시민적 비판은 큰 역할을 했다.

그러나 그것이 드리운 어두운 그림자 또한 만만찮다.

---

19) 민주화 과정의 이런 측면도 유교적-공화주의적 전통과 깊은 관련이 있다. 자세한 논의는 장은주(2021) 119쪽 이하를 참조.

무엇보다도 숱한 교육 병리나 심각한 사회 경제적 불평등의 문제가 크다. 그러나 이 과정에서 다양한 차원에서 고학력이나 각종 고시 합격 같은 능력주의적 배경 위에서 성공한 지배 엘리트들이 성장하고, 급기야 정치도 오직 능력 있는 사람만이 할 수 있고 또 그래야 마땅하다는 사회적 인식도 함께 퍼지게 되었다는 점도 사소한 문제가 아니다. 정치적 능력주의 전통이 오늘날의 민주주의 시대까지도 이어지고 있는 것이다.

그런데 우리나라 민주 정치의 엘리트들 중에는 법조인 출신들이 압도적 주류를 차지하고 있다. 이는 결코 우연이 아니다. 법조인 출신들은 조선 시대의 과거 급제자들에 비유되곤 하는데, 그런 현상은 바로 정치적 능력주의 전통의 현대적 발현이라고 할 수 있다. 우리 사회에서 이들의 사회 정치적 지배는 종종 민주적 대표의 권능을 훨씬 뛰어넘는 지점에서 사회에 깊은 영향을 미치고 있다. 사법부는 아주 자주 민주적으로 선출된 행정부의 결정을 무력화시켰고, 검찰은 최근까지 수사권 및 기소권 독점을 무기로 거의 무소불위의 권력을 누리며 민주적으로 선출된 정치권력을 압도했다. 이들은 자신들만의 카르텔을 형성하여 '신성가족'(김두식, 2009)이라 불릴 정도로 폐쇄적인 지배 집단을 형성하고 있다. 그 밖에도 이 법조인 집단은 사회의 다른 특권 집단들(재벌, 언론 등)과 밀접하게 연결되어 있다. 그들은 심지어 대중들에 의해 가장 선호되는 선출직 정치가의 후보군이기도 하다. 윤석열 정부의 탄생도 바로 이런 배경 위에서 가능했다.

서구 사회에서 능력주의는 혈통에 따른 사회적 지위의 세습을 비판하고 거부함으로써 일정한 방식으로 모든 시민의 사회적 지위의 평등이라는 이념에 기초하는 민주주의의 초석을 놓기는 했다(Piketty, 2013/ 2015, 8쪽). 우리나라의 경우도 마찬가지다. 그러나 능력주의는, '승자독식'을 원리로 하는 불평등한 분배를 정당화하고 사회적으로 고착화시키는 것을 넘어, 정치적으로도 불평등을 정당화함으로써 점점 더 민주주의 원리와 상충할 수밖에 없게 된다. 더구나 능력 있는 사람만이 정치를 잘할 수 있다는 정치적 능력주의 신념의 확산은 민주주의가 전제하는 평범한 보통 시민들의 정치적 참여와 판단을 불신하고 배제하는 쪽으로 이어질 수밖에 없다.

오늘날 일단의 학자들은 민주적 선거와는 다른 선발 과정을 거친 소수 엘리트가 실력과 전문성을 내세우며 지배하는 중국과 같은 권위주의 정치 체제를 미화하며 정치적 능력주의라고 규정하는데(Bell, 2015/2017),[20] 이는 이 정치적 능력주의가 보통 시민들의 주권성이라는 이념에 기초하는 민주주의와는 근본적으로 다른 원리를 갖고 있음을 단적으로 보여 준다. 이런 체제는 정치적 의사 결정 과정과 권력이 특정 분야의 전문성이나 학벌 또는 자격의 소유 등을 명분으로 내세우는 소수 엘리트 계층에 의해 독점되는 과두정의 특별한 형식, 곧 '능력주의적 과두정'일 뿐이다.

윈터스(Winters, 2011)는 과두정을 물질적 토대를 통해 이해해야 한다면서 단순한 '소수 지배'와 구분한다. 간단히 말해 과두정은 극단적인 물질적 불평등이 극단적인 정치적 불평등을 낳는 체제다. 이는 경제적 부의 집중을 기반으로 과두정을 이해했던 아리스토텔레스(2017, 153쪽)의 고전적 선례를 따른 것이다. 그러나 정치적 능력주의에서는, 소수 집단에 의한 부의 집중에 더해, 높은 학력이나 지적 능력을 갖춘 계층의 정치적 독점, 곧 능력주의적으로 정당화되는 정치적 불평등이 가장 큰 문제다. 경제적 불평등도 문제지만, 그것은 이런 정치적 불평등의 결과이거나 최소한 그 때문에 더 악화한다. 그러니까 정치적 능력주의 또는 능력주의적 과두정은 경제적 차원의 불평등에 더해

---

20) 현대 중국에서는 이를 '현능정치(賢能政治)'라고 부르는데, 우리말 역자는 이를 (내가 볼 때는 부적절하게도) '현능주의'라고 옮겼다.

정치적 불평등이 능력주의적으로 산출되고 정당화되는 체제라고 할 수 있겠다.

이 정치적 능력주의 또는 능력주의적 과두정에서 핵심 문제는 평범한 보통 시민들을 체계적으로 배제한 채 국가 기구와 정치를 장악하고 있는 엘리트들이 자신들이 누리는 권력의 민주적-정치적 책임성을 회피하면서, 그 권력을 정치 공동체 전체의 공동선과 모든 시민의 자유와 존엄성을 보호하고 실현하는 데 쓰기보다는 주로 자신들의 우월적 지위와 자신들만의 이해관계를 강화하는 데 사용한다는 데 있다. 윤석열 검찰 정부는 바로 이런 과두정의 전형적인 한 예를 보여 주고 있다고 해야 한다.

물론 우리나라는 민주공화국이라는 헌정적 틀을 가지고 있다. 이 헌정적 틀은 우리 사회를 새로운 과두정으로 만들고 싶어 하는 그 귀족적 기득권 세력에 맞서 힘없는 보통 사람들 또는 평민 세력이 자유와 존엄을 지키기 위한 지속적인 투쟁을 통해 그 기득권 세력의 일정한 양보를 얻어 냄으로써 만들어진 것이다. 1987년에 이루어진 민주화의 역사적 성취다. 그러나 이런 헌정적 틀 속에서도 그 두 기본 세력의 정치적 각축은 사라지지 않았다. 그 두 세력은 민주주의라는 외양 속에서 물리적인 폭력이 아닌 선거라는 절차를 통해 다양한 수준의 국가 기구(대통령, 국회, 광

역 및 기초 지방 정부)의 권력을 통제할 수 있는 권한을 얻기 위해 서로 경쟁해 왔다.

그렇지만 이 민주주의 체제가 구현하고 있는 두 세력 사이의 힘의 균형 관계는 결코 정적인 것이 아니었다. 그 균형 자체도 여전히 한쪽으로 많이 기울어져 있는 상태에서, 아예 그 균형을 깨려는 끊임없는 시도가 이루어졌다. 노무현 전 대통령에 대한 탄핵 시도가 그 전형적 사례다. 비록 그 탄핵 시도는 시민들의 저항 때문에 좌절되었지만, 사회적으로 생산된 부와 권력을 어떻게든 최대한 더 많이 자기 몫으로 챙기려는 기득권 세력의 필사적 시도는 중단되지 않았다. 2016년 겨울의 '촛불 혁명'과 문재인 정부의 등장으로 큰 위협을 느꼈던 기득권 세력은 급기야 검찰을 전면에 내세우며 국가 권력을 장악하려고 시도했고, 그 결과가 바로 윤석열 정권인 것이다. 그러니까 윤석열 검찰 정부의 등장은 단순히 검찰 내부 몇몇 야심가들의 전략적 기획의 산물이기만 한 것이 아니라, 우리 사회 기득권 세력 전체의 전략적 선택의 결과라고 이해하는 것이 옳다.

사이비 자유 민주주의와 검찰 통치

그런데 이런 능력주의적 과두정의 한 유형인 검찰 통치 체제에 대한 더 온전한 이해를 위해서는 한국 사회에 이식된 '자유 민주주의' 체제라는 배경을 함께 살펴보아야 한다. 우리 사회에서는 이 자유 민주주의의 수호를 최우선적인 정치적 과제로 삼는다는 세력들의 왜곡 때문에 제대로 이해되고 있지 못한 측면이 크지만, 자유 민주주의란 특정한 정치 이념이기보다는 그 핵심에서 개인의 권리와 자유를 인정하고 보장하며 법의 지배를 원리로 하는 민주적 정치 체제다. 우리나라에서는 이 자유 민주주의가 많은 측면에서 왜곡되어 도입되며 정착했는데, 바로 이것이 검찰 통치를 가능하게 한 또 다른 배경이다. 이제 이에 대해 살펴보기로 하자(장은주, 2024, 222쪽 이하 참조).

우리의 논의 맥락에서 중요한 것은, 통상적인 논의에서는 잘 주목되고 있지는 않지만, 자유 민주주의가 본디 시민들의 인권(기본권)을 최우선적으로 보장하는 민주주의를 지향하는 헌정화된 민주주의 또는 '입헌 민주주의'의 한 모델을 가리키는 개념이라는 사실이다. 헌정주의(입헌주의, constitutionalism)는 본래 공화주의에 뿌리를 두고 있지만, 자유주의는 그 전통에서 출발하여 불간섭-자유의 이상과 결합된 권리 보장적이고 제한적인 국가라는 이상을 추구하면서 자유 민주주의라는 헌정 체제를 발전시켰다.

이 체제에서 사법 체계는 궁극적으로 민주적 과정을 통해서도 침해되어서는 안 되는 시민들의 인권을 보장하는 최후의 보루로 이해된다. 사법부와 검찰의 '공정한' 법 관리와 집행에 대한 요구와 기대가 성립하는 것도 바로 이 맥락이고, 단순한 다수결주의를 넘어서는 헌정적 민주주의 체제도 바로 이 맥락에서 정당화된다. 엄밀하게 말하면, 자유민주주의는 제한적 민주주의다. 자유주의는 민주주의의 입헌화 과정에서 재산이나 시장의 자유와 관련된 자연권적 권리를 강조하면서 민주주의에 대한 법치의 우위를 확립하고 민주 정치의 역할을 제한했다. 그러나 뒤집어 보면 이 체제는 그 기본권 보장을 명분으로 소수의 사법 엘리트에게 너무 많은 권한을 부여하고 있다.

한마디로, 이 체제는 기본적으로 '민주주의에 대한 법치의 우위 원칙'을 내장하고 있다(김비환, 2016, 3 · 4장). 이는 많은 자유 민주주의 국가들에서 민주적인 결정 과정에 대한 사법 심사(judicial review)를 수용하는 것으로 나타난다. 그러니까 설사 특정한 정책이나 법이 민주적 과정을 통해 결정되었다고 하더라도 그것이 헌법적 기본권을 침해한다고 판단될 경우 대법원이나 헌법재판소의 판사들 또는 사법 엘리트 일반이 이를 무효화할 수 있는 권한을 인정하는 체제가 자유 민주주의라는 입헌 민주주의 체제의 본성이다.

자유 민주주의의 이념 안에는, 공화주의 전통에서 유래하는 것이지만, 인치와는 다른 차원의 법치, 곧 개인이나 집단의 지배를 넘어서는 법의 지배라고 하는 이념이 반영되어 있다. 공화주의에서 법의 지배는 이념적으로는 사람의 지배가 낳을 수 있는 자의적인 판단이나 지배를 극복하기 위해 필요하다고 인식되어 왔다. 법치는 시민들에게 자의적인 간섭이 없는 비-지배 자유를 보장하기 위한 필수적인 조건이다.

그러나 현실적으로는 이 법치의 체계는 어떤 경우에도 법을 해석하는 법관이나 법조인의 자의성과 개별적인 인성의 개입 같은 문제를 원천적으로 해결할 수 없다 (Bellamy, 2007). 아무리 훌륭한 법치 체계에서라도 궁극적으로 법은 사람들에 의해 해석이 되어야 하고, 현실의 사람들은 아무런 편견이나 이해관계의 개입 없이 오로지 '이성의 빛'에 따라 판단을 할 수 있는 존재가 아니기 때문이다. 법치도 따지고 보면 사실은 '사람에 의한 지배(rule by persons)'일 뿐이다. 특히, 법은 일반적으로 기득권 세력 또는 특권 세력에게 유리하게 작용하기 쉽다.[21]

그러다 보니 자유 민주주의 체제라고 하는 것은 그 본성상 강하거나 약한 쥬리스토라시(juristocacy), 곧 '법조인 지배 체제' 또는 '사법 통치'를 내장하고 있을 수밖에 없다(Hirschl, 2007). 예를 들어서 미국에서만 보더라도 루즈벨트(Franklin Roosevelt) 대통령의 뉴딜 정책에 대한 가장 강력한 반대자들은 바로 대법관들이었다. 미국 대법원은 정부 정책들에 대해 위헌 판결을 내리는 등 뉴딜 정책 실현에서 가장 큰 저항 세력이었다. 최근 미국 대법원은 여성의 자유로운 낙태 허용이나 대학 입학 등에서의 소수인종에 대한 우대를 허용하는 '적극적 차별 시정 정책(affirmative action)'이 위헌이라고 판시함으로써, 미국 사회가 수십 년 동안 이뤄 온 사회 진보를 무력화시키려고 시도했다. 그러나 단지 미국에서뿐만이 아니라 다른 나라들

---

21) 이는 예외적이라기보다는 일반적인 현상이다. 이미 루소는 법치에 대해 이렇게 이야기한 적이 있다. "시민은 법을 원하며 이 법이 준수되기를 원한다. 모든 개인들은 법 준수에 예외가 인정되면 이 예외가 자신들에게 이롭게 작용하지 않으리라는 점을 잘 알고 있다. (…) 하지만 지배 계급의 경우는 이와 사뭇 다르다. 이들의 사회적 조건은 특권에 기반을 두고 있으며, 이들은 때와 장소를 가리지 않고 특권을 추구한다. 만약 이들이 법을 좋아하는 경우가 있다면, 그것은 그것에 복종하기 위해서가 아니라 오직 법관 노릇을 하기 위해서일 뿐이다."(Viroli, 1999/ 2006, 45쪽에서 재인용)

에서도 사법부는 일반적으로 복지 국가 정책들에 대해 부정적이고 저항하는 모습을 보여 왔을 뿐만 아니라 민주주의를 강화하려는 시도에 적대적이었다.

그러나 우리 맥락에서 더 심각해 보이는 건 이 자유 민주주의의 이름으로 사법부가 정치 세력과 결탁해서 민주주의를 위협하고 왜곡시키는 모습을 보일 수 있다는 것이다. 스페인의 경우 민주화 이후 곤살레스 수상 시절 보수 야당인 인민당은 사법부와 손을 잡고 여당인 사회노동당 인사들을 기소하고 유죄 판결을 이끌어 내는 전략을 사용하여, 결국 정권 교체를 이끌어 내기도 했다(Maravall, 2003/2008, 48쪽 이하). 최근 브라질에서도 한국의 검찰이 지닌 권한을 보유한 수사 판사 세르지우 패르난두 모루는 자신에게 주어진 권한을 활용하여 룰라 대통령을 기소하는 등의 사법 정치를 통해 '브라질의 트럼프'라 불리던 극우 정치인 자이르 보우소나루를 대통령으로 만들고 자신은 법무부 장관이 되기도 했다. 나는 지금 우리나라에서 보이는 윤석열 정부의 검찰 통치도 바로 이런 넓은 의미의 사법 통치의 한 변종이라고 생각한다.

이것은 전 세계적으로 유례가 없는 우리 민주주의 체제의 헌정적 결함의 결과다. 이런 결함은 무엇보다도 우리나라의 경우 민주화 과정에서 민주주의의 입헌화가 어떤 의미를 갖는지 충분히 이해하지 못한 상태에서, 그리고 표방되었던 자유 민주주의를 위한 사회 문화적 조건이 존재하지 않는 상태에서 일부 소수 정치인들이 밀실에서 헌정 체제를 설계했다는 데서 비롯한다. 이 체제에서 법조인들은 다른 집단이나 사회 계층과는 비교할 수 없을 정도로 막강한 영향력을 행사할 수 있다. 내가 볼 때 이것은 통상적인 자유 민주주의 체제 자체에 내장된 민주주의에 대한 법치 우위의 원칙을 훨씬 뛰어넘는 수준이다.

여기에는 좀 더 전통적인 이유도 있다. 우리나라에서는 외유내법(外儒內法), 그러니까 겉으로는 유가적인 것을 표방했지만 실질적인 통치 과정에서는 법을 인민에 대한 지배 수단으로 삼는 법가적인 법치를 사회적으로 관철시키는 전통도 있었다. 게다가 강한 정치적 능력주의 전통 때문에 법조인들이 사회 문화적인 차원만이 아니라 정치적으로도 높은 사회적 신망을 누린다. 그렇지 않아도 우리 사회에서는 법의 민주화 과정 또는 민주주의적 입법 전통이 약한 상태에서 상당히 많은 법이 일제로부터 유래하는 바람에 법조인들이 그 해석권을 독점하는 게 자연스러웠다. 그 결과 우리의 헌정 체제는 처음부터 다른 자유 민주주의 국가들에서보다 훨씬 더 강한 형태의 사법 통치 위험성을 내장하게 되었다고 할 수 있다.

그런데 우리 사회에서는 특이하게도 좁은 의미의 사법부보다는 스스로 준사법기관이라 부르는 검찰의 자의적인 권력 행사의 양태가 훨씬 더 강하게 드러났다. 이것은 검찰이 단순한 기소권을 넘어서 수사권과 경찰 지휘권을 모두 움켜쥐고 있으면서도 별다른 감시나 견제를 받지 않을 수 있었기 때문에 가능했다. 이런 배경 위에서 한국의 검찰은 특이한 형태의 사법 통치 체제, 곧 '검찰 통치(체제)(presecutocracy)'[22]를 발전시켰다.

단순하게 보면 지금의 검찰 통치는 부분적으로는 수사권과 기소권을 검찰이 독점하게 했던 단순한 입법적 실수의 결과라고 생각할 수도 있다. 그러나 우리 사회와 정치권은 이런 문제들을 제대로 검토해 보지 않은 상태에서 검찰을 정권 유지를 위한 통치의 수단으로 활용하는 경향을 보였고, 그러다 보니 검찰의 독립성에 대한 주장이 설득력을 가지는 정치적인 상황이 이어졌다. 그 독립성 주장은 검찰의 엄정한 정치적 중립성으로 이어져야 했지만, 실제로는 검찰이 민주적 통제 바깥에서 스스로 무소불위의 권력 집단이자 정치 집단이 되도록 도왔다.

---

22) 이 개념은 한국의 검찰 지배가 거시적이고 구조적인 차원을 지니고 있음을 드러내기 위해 만들어 낸 나의 신조어다.

이 과정에서 한국 사회에서 왜곡되어 도입된 자유 민주주의가 결정적 역할을 하고, 반대로 검찰 통치는 한국의 자유 민주주의를 더욱더 왜곡시켰다. 앞서 본대로, 서구의 통상적 자유 민주주의 체제도 그 본성상 평범한 대중들이 중심에 서는 민주 정치에 대한 일정한 제한을 정당화하는 체제다. 그러나 우리의 경우 재산권 말고는 다른 중요한 기본권은 경시되고 법치의 이념을 '법을 수단으로 한 지배'르 왜곡한 자유 민주주의 체제가 확립되면서 검찰을 비롯한 법조 엘리트에게 너무 많은 권력 공간을 열어 주었던 것이다. 바로 이런 배경 위에서 한국에서는 자유 민주주의 체제가 본성적으로 강하든 약하든 내재하고 있는 사법 통치의 경향이 검찰 통치의 형식으로 나타나게 되었다고 할 수 있다. 이런 관점에서 보면, 윤석열 정부는 본질적으로 한국식 사이비 자유 민주주의 체제의 필연적 귀결이라고 할 수 있다.

새로운 민주적 헌정 체제를 모색하며: 결론을 대신하여

자유 민주주의를 핵심적인 정치적 정체성으로 내세우는

윤석열 정부의 통치 체제는 사실은 유사-권위주의 체제에 가깝다. 앞서 나는 이를 능력주의적 과두정이라고 부를 수 있는 새로운 종류의 귀족정에 대한 지향이라고 이해하자고 했다. 지금 우리 사회에서는 소수 특권 세력이 사회 경제적 부는 물론 정치적 권력도 독점하는 새로운 종류의 계급적 질서를 형성하면서 민주주의를 위협하고 있다. 이런 체제를 극복하는 것이야말로 지금 우리 민주주의가 마주한 가장 중요한 역사적 과제가 아닌가 한다.

우리는 민주주의의 그러한 과두정화의 경향에 맞서 모든 시민의 평등한 존엄성을 보장하고 시민의 중심성과 주권성을 제대로 확보함으로써 민주주의를 지켜 내야 한다. 그러나 엘리트 지배의 가능성에 둔감하고 법치를 왜곡하는 자유 민주주의에 대한 무비판적 상찬으로는 이런 과제를 달성할 수 없다. 그러니까 단순한 '자유 민주주의의 회복'이나 '더 많은 자유 민주주의'가 우리가 나아가야 할 방향일 수는 없다는 것이다. 그러나 그렇다고 민주적 헌정 체제의 필요와 의미를 제대로 인식하지 못하는 정치적 접근법이 그런 과제를 제대로 다룰 수 없음도 명백하다.

민주적 공화주의의 관점에서 볼 때, 자유 민주주의가 유일하게 가능한 입헌 민주주의는 아니다. 최선의 입헌 민주주의도 아니다. 오늘날 우리나라에서뿐만 아니라 전 세계적으로 자유주의적 입헌 민주주의, 곧 자유 민주주의는 다양한 차원에서 그 한계를 드러내고 있다. 무엇보다도 지금과 같은 형식의 자유 민주주의는 시민들의 기본권을 보장한다는 명분 아래 민주주의의 역할을 지나치게 제한하며 소수 엘리트들의 자의적 지배 공간을 너무 많이 열어 둘 가능성이 크다. 우리가 이 자유 민주주의 체제에서 민주주의의 가장 중요한 핵심으로 이해하는 선호 집약적 선거 민주주의는 시민들의 일상적 주권성에 둔감하고, 시민들 사이에 이해관계의 갈등을 극대화하며, 능력주의적 과두정화의 경향으로부터 자유롭지 못하다.

우리는 이제 자유주의의 불간섭-자유의 이상과 결합된 권리보장적 국가 이해를 넘어 새로운 민주적 헌정체제를 추구해야 한다. 그 체제는 무엇보다도 시민 개개인의 자유와 존엄성을 보호하기 위한 국가의 적극적 역할을 긍정하지만, 수평적 권력 분립과 수직적인 민주적 통제의 원리를 결합하여 국가가 그 자체로 지배의 원천이 되는 걸 견제할 수 있어야 한다. 민주주의는 모든 시민의 평등한 존엄성에 대한 상호 인정을 원리로 하는 공화 체제 속에 착근해야 한다. '윤석열 정부 이후'가 단순한 '정권 심판'이나 '정권 교체'를 넘어 자유 민주주의의 한계를 극복한 새로운 민주적-공화적 헌정 체제의 수립이라는 과제의 틀 속에서 고민

되어야 하는 이유다. 이 새로운 헌정 체제에 대한 자세한 논의는 다음 기회로 미룬다.

참고문헌

김두식(2009).『불멸의 신성가족: 대한민국 사법 패밀리가 사는 법』, 창비.

김비환(2016).『민주주의와 법의 지배』. 박영사.

김정인(2018). 한국 민주주의 기원의 재구성.『기억과 전망』, 39호, 11~54.

김주호(2023). 포스트민주주의와 포퓰리즘: 콜린 크라우치와 얀 베르너 뮐러의 비교를 중심으로.『사회와 이론』, 46호, 261~303.

박형준 · 권기돈(2019).『보수의 재구성: 새로운 정치를 위한 자유공화주의 선언』. 메디치미디어.

아리스토텔레스 저, 천병희 옮김(2017).『정치학: 아리스토텔레스』. 파주: 도서출판 숲.

유시민(2009).『후불제 민주주의』. 돌베개.

장은주(2014).『유교적 근대성의 미래』. 한국학술정보.

장은주(2021a). 정치적 능력주의와 민주공화국.『시민과 세계』, 38호, 41~75.

장은주(2021b).『공정의 배신: 능력주의에 갇힌 한국의 공정』. 피어나.

장은주(2022, 12, 28). 윤석열의 '거꾸로 선 포퓰리즘' … 어떻게 맞설까?.『더칼럼니스트』.

장은주(2023). 왜 지금 '공화'인가?: 한국 민주주의의 '공화화'라는 과제와 민주적 공화주의.『민주주의와 인권』, 23권 1호, 5~35.

장은주(2024).『공화주의자 노무현. 시민적 진보의 탐색』. 피어나.

정상호(2024). 한국의 보수-중도의 새로운 정치 이념으로서 공화주의의 가능성과 한계. 『동향과 전망』, 120호. 166~199.

조소앙 외(1917). 대동단결선언. 이주영 다듬음(2019). 『독립선언서 말꽃모음』. 단비.

최장집(2010). 『민주화 이후의 민주주의: 한국 민주주의의 보수적 기원과 위기』(개정2판). 후마니타스.

21세기공화주의클럽(2019). 『21세기 공화주의』. 인간사랑.

余英時(2004). 『朱熹的歷史世界: 宋代士大夫政治文化的研究』. 이원석(역)(2015). 『주희의 역사세계: 송대 사대부의 정치문화 연구』. 글항아리.

Bell, D. A.(2015), *China model: Political meritocracy and the limits of democracy*. 김기협(역)(2017). 『차이나 모델: 중국의 정치지도자들은 왜 유능한가』, 서해문집.

Bell, D. A., & Li, C.(2013). *The East Asian challenge for democracy: Political meritocracy in comparative perspective*. Cambridge University Press.

Bellamy, R.(2007). *Political constitutionalism*. Cambridge University Press.

Chang, E. J.(2020). Confucian characteristic of Korean democracy: An aproach from a republican perspective. *Journal of Confucian Philosophy and Culture, 34*, 155~183.

Goodhart, D.(2017). *Road to somewhere: the populist revolt and the future of politics*. 김경락(역)(2019). 『엘리트가 버린 사람들: 그들이 진보에 투표하지 않는 이유』. 원더박스.

Hirschl, R.(2007). *Towards juristocracy: The origins and consequences of the new constitutionalism*. Harvard University Press, 2007.

Maravall, J. M.(2003). The rule of law as a political weapon. In J. M. Maravall & A. Przeworski (Eds.), *Democracy and the Rule of Law*. 호세 마리아 마라발 저, 안규남 외(역)(2008). 정치적 무기로서의 법의 지배. 『민주주의와 법의 지배』. 후마니타스.

Piketty, T.(2013). *Capital in the twenty-first century*. 『21세기 자본』. 장경덕 외(역)(2015). 글항아리.

The Economist Intelligence Unit(2024). *Democracy Index*.

V-Dem Institute(2024). *Democracy Report 2024: Democracy Winning and Losing at the Ballot*.

Tao, J.(2012), Die natur des menschen und das fundament der moral. Eine chinesisch-konfuzianische perspektive. Hans Joas (hg.), *Vielfalt der moderne-ansichten der oderne*. Fischer.

Viroli, M.(1999). *Repubblicanesimo*. 김경희 · 김동규(역)(2006). 『공화주의』. 도서출판 인간사랑.

Winters, J. A.(2011). *Oligarchy*. Cambridge: Cambridge University Press.

Young, M. D.(1958). *Rise of the meritocracy*. 유강은(역)(2020). 『능력주의: 2034년, 공정하고 정의로운 엘리트 계급의 세습 이야기』. 이매진.

03

동아시아 공화주의와 보상형 대통령제 개헌

임채원 경희대학교

서론

2024년 겨울, 광화문 광장에서 다시 시민들은 '공화주의적 순간'을 맞이하고 있다. 2016년 촛불 혁명에 이은 2024년 '빛의 혁명'이 진행되고 있다. 이번은 촛불이 아니라 응원봉의 빛으로 연결된 시민들이 위헌적인 비상계엄을 선포한 대통령의 탄핵을 요구하고 있다. 12월 3일 불법적인 비상계엄이 선포되자, 시민들은 12월 7일 여의도 국회 앞에서 100만 명 이상의 시민들이 대통령 탄핵을 외쳤다. 여의도, 남태령, 한남동, 광화문에서 2030 청년들을 중심으로 응원봉을 들고 '빛으로 연결된 개인들'이 민주 공화국 헌정의 회복을 요구하고 있다. 2016년 촛불 혁명과 확연히 다른 것들도 있다. 한류의 팬덤 문화는 K-팝에서 정치와 별개로 형성되어 왔지만, 이번 '빛의 혁명'에서는 '정치와 문화가 결합'해서 새로운 시민 정치를 생성하고 있다.

1400년 전후에 이탈리아 피렌체에서 '정치와 문화가 결합'한 시민정치가 근대 공화주의와 유럽 르네상스로 중세를 끝내고 근대로 이행하는 문명 전환을 낳았다. 600여 년이 지난 지금 한국의 광화문 광장에서 근대 대의제 민주주의를 넘어서는 시민 정치와 함께 정치와 문화가 결합된 아시아 르네상스를 열고 있다. 기존의 정치 문법으로는 해석할 수 없는 새로운 정치 문화들이 생겨나고 있다. 2024년 '빛의 혁명'은 근대 대의제 민주주의 정치를 넘어서 새로운 문명적 전환의 계기가 될 수도 있다. 이 문명 전환은 동서양 문명의 개별성을 넘어서 인류 문명의 보편성으로 나아갈 수도 있다. 2024년 빛의 혁명은 다양한 해석이 될 수 있는 문명 전환의 가능성을 낳고 있다.

1399년에서 1402년까지 피렌체 도시공화정에서 밀라노 공국으로부터 침입을 막아내는 과정에서 시민들이 공화주의적 자각을 하게 되고 자유로운 시민으로서 중세를 끝내고 근대로의 문명 전환을 이룩했다. 이 최초의 근대 공화주의 혁명이 인류 문명사에서 위대한 절연으로 문명적 변곡점을 찍었듯이, 2016년 촛불 혁명과 2024년 '빛의 혁명'은 근대 유럽의 시민적 공화주의와 르네상스와 같은 '정치와 문화가 결합된' 동아시아 공화주의와 아시아 르네상스로 새로운 시대의 문명 전환을 불러올 수도 있다. 동서양 문명이 하나가 되어 새로운 인류 문명의 생성이 일어나고 있는 시대에 정치와 문화에서 '빛의 혁명'은 문명사적 변곡점이 될 수도 있다.

'빛의 광장'은 다시 '새로운 민주 공화국', '새로운 대한민국'을 묻고 있다. 박근혜와 윤석열 탄핵과 같은 정치가 제도권에서 일어나지 않는 방법을 포함한 개헌을 정치적 과제로 물을 것이다. 8년 동안 벌어진 두 번의 국정 농단에 의한 대통령 탄핵 사태는 1987년 헌정 체제가 어딘가 문제가 있음을 여실히 드러낸 것이다. '빛의 혁명' 이후 첫 번째 과제는 1987년 헌정 체제의 모순을 극복하는 새로운 헌정 체제를 만들어 내는 것이다. 이 연구는 2016년 촛불 혁명과 2024년 빛의 혁명이 요구하고 있는 헌법 개정에서 개헌 방향을 동아시아적인 헌정으로서 '보상(輔相)형 대통령제(governing-wheel presidentialism)'로 제안하고 있다.

2016년 촛불 혁명은 현실 정치의 개혁에서는 지체되고 있지만 한류에서 볼 수 있는 것과 같이 음악, 영화, 드라마, 그리고 문학에서 세계적인 흐름을 만들어 내고 있다. 2024년 빛의 혁명에서 정치와 문화의 결합은 한류를 넘어서는 아시아 르네상스를 불러올 것이다. 문명사적으로 동아시아 문명의 정체성에, 1842년 아편전쟁과 난징조약으로 서세동점(西勢東漸)의 긴 '고난의 시대'가 있었고, 서구의 문물과 지식을 쫓아가면서 서구 문명을 따라잡으려고 애썼던 기간을 지나서 촛불 혁명과 빛의 혁명으로 아시아 르네상스가 시작되었다. 동아시아 문명이 긴 겨울을 지나 새로운 문명의 봄을 맞이하고 있다. 아시아 르네상스는 동아시아적 가치와 제도에 서구 문명의 지식과 기술을 수용해서 긴 '고난의 시대'를 지나 새로운 동아시아 문명을 창조하고 있다. 이는 동아시아적인 특수성이 아니라 세계적인 보편성을 담아내고 있다.

이 연구에서 제7공화국의 개헌 방향으로 제안되고 있는 '보상형 대통령제'는 동아시아 헌정에서 3500년의 유구한 역사를 가진 '보상의 국정 원리'가 군주제에서 서구 근대 공화주의를 수용하면서 촛불 혁명과 빛의 혁명 이후 새로운 헌법 체제임을 보여 주고 있다.

'빛의 혁명'과 문명적 전환

빛의 혁명에서 '공화주의적 순간'

문명사적으로 2024년 한국의 '빛의 혁명'과 1494년 피렌체 시민 혁명은 모두 마키아벨리언 모멘트(Machiavellian moment)를 경험한다. 공화주의 이론가 포칵은 촛불 집회와 같은 시민대집회를 경험하면서 시민들이 하나의 공동체를 경험하고 시민의식이 질적으로 고양되는 것을 '마키아벨리언 모먼트'라고 했다(Pocock, 1975, p. 7). 이를 '공화주의의 순간'이라고 한다. 문명사에서 문명 전환의 정치와 문화의 결합은 1400년 전후의 이탈리아 피렌체의 시민혁명과 21세기 초반의 한국에서 두드러진 특징으로 나타나고 있다.

1400년 전후에 피렌체에서 발화한 시민의식은 중세를 끝내고 근대라는 새로운 시대의 초입에 들어섰다. 개인적 휴머니즘에서 '시민적 휴머니즘(civic humanism)'으로 '위대한 절연(great dislocation)'이 일어났다고 보았다(Baron, 1966, pp. 8~9). 문명사에서 1453년 동로마 제국의 수도 콘스탄티노플의 함락으로 중세가 끝나고 근대가 시작되었다고 하지만, 근대적인 개인의 출현과 시민의식의 발화라는 관점에서 보면 '콰트로첸토(Quatrocento)'로 진입하는 초기에 피렌체에서 일어난 이 시민 혁명이 근대의 단초가 되었다고 할 수 있다. 근대적인 '정치와 문화의 결합'은 그 이후 200여 년에 걸친 문예 부흥으로서 이탈리아 르네상스를 열었다. 이탈리아 공화주의의 시민 혁명은 1400년 전후와 1494년에 두 차례 연극 무대의 간막극처럼 나타났다.

시대와 장소의 차이에도 불구하고 '마키아벨리의 순간'이 2024년 여의도와 광화문에서 '빛의 혁명'으로 나타나고 있다.

피렌체 시민 혁명의 공화주의를 보면서 마키아벨리가 느꼈던 정치적 경험을 한국의 시민적 공화주의에서는 2008년 광우병 촛불 집회, 2016년 촛불 혁명, 그리고 2024년 빛의 혁명으로 8년마다 주기적으로 경험하고 있다. 이러한 역사적 경험을 '공화주의의 순간'이라고 할 수 있다. 촛불 혁명은 '대한민국은 민주 공화국'이라는 서구 근대 문명의 공화주의를 경험하는 동시에 동아시아 문명에 고유한 '민심은 천심'이라는 권력에 대한 시민들의 거대한 저항을 마주하게 된다(임채원, 2017b, 286~291쪽). 이 위대한 시민대집회를 만들어 낸 동력이 무엇일까? '대한민국은 민주 공화국'이라는 서구적인 근대 공화주의 정신만으로 이러한 시민들의 참여가 가능했을까? 오히려 민심은 천심이라는 동아시아 문명의 고유한 에토스가 이런 거대한 물결을 만들어 내는 원동력은 아니었을까?

2016년 촛불혁명과 2024년 '빛의 혁명'은 이탈리아 공화주의와 같이 근대를 넘어서는 새로운 시대의 서막을 알렸다고 할 수 있다. 스마트폰을 들고 빛의 속도로 뉴스와 정보를 얻고 공유된 지성에 기초해서 기발한 상상력과 순

발력으로 자유로운 개인들이 참여하고 연대해서 새로운 정치 문화를 만들어 냈다. 시민들은 대의제 민주주의에서 대리인인 정치인들에게 정치를 맡겨 놓지 않고 직접 주권자로서 국민 주권을 광장에서 실현하고 있다(박노해, 2017). 2024년 '빛의 혁명'은 한류의 팬덤 문화가 정치 참여로 이어지고 있다. 응원봉을 든 2030 세대의 팬덤 문화는 정치와 별개로 문화 현상에 그치고 있었지만, '빛의 혁명'을 계기로 '정치와 문화가 결합'된 시민적 공화주의를 보여 주고 있다. '정치와 문화의 결합'은 근대 이탈리아의 시민적 휴머니즘의 정신이기도 하다(진원숙, 1996)

광화문 촛불 대집회에서 일상에서는 할 수 없었던 새로운 경험을 통해 시민들은 새로운 시민의식이 생겨났을 뿐만 아니라, 이탈리아 르네상스와 같은 문예 부흥의 생동감을 느끼게 되었다. 600여 년 전 피렌체 자유 시민들이 그랬듯이, 시민들은 광장의 자유로운 공기 속에서만 탄생하는 새로운 공동체의 자각과 시민의식을 갖게 되었다. 광화문 광장에서는 피렌체 시민 혁명 이후 이탈리아를 중심으로 유럽 르네상스가 시작되었듯이 '아시아 르네상스(Asian Renaissance)'가 발화하고 있다. 이러한 현상은 2024년 '빛의 혁명'에서 응원봉을 들고 나온 2030 세대의 참여로 더 뚜렷해지고 있다. 정치와 문화의 본격적인 결합이다. 피렌체 르네상스보다 더 웅장하고 위대한 역사적 서사가 여의도, 남태령, 광화문 광장에서 일어나고 대한민국은 공화주의적인 정치를 만개하게 했을 뿐 아니라, 새로운 문화의 '아시아 르네상스'로 들어섰다. '새로운 대한민국, 새로운 민주 공화국'이라는 시민적 자각이 일어나고 아시아 르네상스의 기운생동이 일어나고 있다(임채원, 2017b, 272~274쪽).

이러한 문화적인 흐름은 2020년 전후부터 음악, 영화, 드라마, 그리고 문학 등에서 한류로 나타나고 있으며 역사, 철학, 사회과학, 종교와 문명 등에서 다차원적인 문예 부흥으로 진화할 것이다. 촛불 혁명 이후 세계적인 문화 현상으로 일어나고 있는 한류는 근대로의 새로운 문명 전환이 일어났던 이탈리아 중심의 유럽 르네상스와 같이 아시아 르네상스로 진화하고 있다.

촛불 혁명의 문명적 전환은 근대 시민 혁명들과 달리 국민주권주의가 광장에서 실현되었다. 이탈리아 시민 혁명에서 직접 민주주의는 국민 주권을 실현하는 방식으로 전개되었지만, 그 이후 근대 시민 혁명에서는 시민들은 주권자이지만 그들을 대신하는 대표들을 뽑아 간접 민주주의와 대의제를 통해 정치적 요구를 했다. 근대 대의제 정치가 정착한 국가에서 제도권 정치를 넘어서 국민 주권주의의 주권자로서 광장에서 권리 행사는 촛불 혁명의 새로운 정치로 전환을 의미했다. '빛의 혁명'은 이와 함께 본격적인 '정치와 문화의 결합'을 보여 주고 있다. 스마트폰과 응원봉으로 상징되는 근대를 넘어서는 새로운 문명 현상으로서 '빛의 공화주의'는 새로운 시대를 예고하고 있다.

동아시아 공화주의의 등장

촛불 혁명의 원동력에 대해 일어나는 의문은 '대한민국은 민주 공화국'이라는 국민 주권주의에 대한 시민들의 요구가 서구 근대 공화주의에만 기반한 것인가 하는 점이다. 서구적인 국민 주권주의와 함께 광장에서 들을 수 있는 외침은 '민심은 천심(天心)'이라는 동아시아 문명의 유구한 가치에 기반해 있다(임채원, 2017b, 288~291쪽). '민주군수(民主君水)'는 촛불 집회에 참여하는 시민들을 포함한 전 국민적인 지지를 받는 에토스다. 이는 서구의 근대 공화주의와 민주주의 이전에 동아시아 문명의 맥락에 뿌리를 가지고 있는 정치의식이다. 동아시아 문명에서 이러한 의식의 기원은 주(周)나라 문왕(文王)에서부터 찾을 수 있다. 천심은 천명(天命)으로 구체화되며 '천명미상(天命靡常)'[23]으로 '천명은 정해진 바가 없으며', 민심을 잃으면 천명은 언제든지 바뀔 수 있다는 의식이다.

동아시아 문명의 고대는 유럽의 그리스와 로마의 공화 정치와 같이 왕정이 아니라 선위(禪位)를 통해 세습을 인정하지 않는 것을 좋은 정치로 여겼다. 성인 정치로 불리는 요·순·우·탕·문·무는 선위가 세습을 우선하는 권력 이양 방법으로 생각했다.[24] 요순시대는 말할 것도 없고 하나라, 은나라, 주나라의 권력 생성 과정도 서구의 공화 정치와 비슷한 천명 정치가 백성들의 마음속에 자리 잡고 있었다. 주나라 문왕은 시경에서 폭정을 일삼던 은(殷)나라의 주왕(紂王)을 반면교사로 삼아 '극배상제(克配上帝)', 즉 하늘의 상제와 짝을 이루는 정치를 하는 것이 민심을 잡는 정치라고 보았다. 은나라가 아직 백성을 잃지 않았을 때는[殷之未喪師] 하늘의 상제와 짝을 이루었다고 주 문왕은 보았다(『대학』, 치국평천하). 주왕의 폭정으로 민심을 잃어 이제 더 이상 은나라는 하늘의 상제와 짝을 이룰 수 없었다. 주 문왕은 이를 '천명미상'이라고 했다(『시경』, 「대아」 편). 촛불 혁명에서 박근혜가 민심을 잃고 천심을 잃었다고 시민들은 생각했다.

이탈리아 르네상스에서 고대 그리스와 로마의 정신이

---

23) 『시경』, 「대아(大雅)」, 문왕(文王) 편.

24) 『대학연의』, 권2.

부활했듯이 촛불 혁명에서 서구 근대 공화주의의 정신인 국민 주권주의와 함께 동아시아 문명의 고대 천명 정치가 극적으로 부활했다고 할 수 있다. 민심을 잃은 대통령에 저항해서 전국의 광장으로 시민들이 나와 '대한민국은 민주 공화국'이라는 국민 주권주의를 외치고, 동아시아 문명의 에토스인 천명 정치가 부활했다. 절묘하게도 동아시아에서 왕조의 교체에 동반되었던 폭력적인 제도 밖의 수단에 의해서가 아니라 헌법 조항의 절차에 의해서 대통령을 '파면'했다. 광장에서 시민들은 대통령의 탄핵을 요구했고 제도권의 의회는 탄핵 소추를 절차에 따라 진행했으며, 헌법재판소는 광장에서 들리는 국민들의 요구를 수용해서 '대통령의 파면'이라는 정치적 결정을 했다. 절묘하게 동아시아 문명의 천명 정치와 서구 근대 공화주의의 국민 주권주의 그리고 탄핵 심판이라는 절차적 민주주의가 하나의 새로운 헌정 질서를 만들어 냈다. 이것을 정치적 의미의 '아시아 르네상스'라고 할 수 있다. 동아시아 문명의 가치와 서구의 공화주의 제도가 결합해 이전까지 인류가 경험해 보지 못했던 새로운 정치를 탄생시켰다.

근대 초기 이탈리아 시민 혁명의 공화주의가 르네상스라는 새로운 근대의 문명을 만들어 냈듯이 촛불 혁명은 동아시아 문명의 전통적 가치와 함께 '고난의 시대'에 받아들인 서구 공화주의와 민주주의 제도들을 수용해서 시민이 직접 새로운 헌정 질서를 만들어 냈다. 이것이 서구의 근대 공화주의, 르네상스와 구별되는 '아시아 르네상스'이며 동아시아 공화주의다. 이는 근대를 넘어서는 문명 전환의 단초다. 근대가 서구 중심이었다면 근대를 넘어서는 문명 전환은 동서양의 문명을 수용하고 융합하는 인류 문명의 생성이라고 할 수 있다. 이런 점에서 아시아 르네상스와 동아시아 공화주의는 그 문명 전환의 시작이라고 할 수 있다.

동아시아 문명에서 공화주의 제도의 수용

'고난의 시대'에 서구 공화주의의 도입

동아시아 문명의 '천명미상' 의식은 동아시아 공화주의 이론에서 새롭게 해석된다. 촛불혁명과 같은 국민주권주의가 가능하게 했던 것이 서구 근대 공화주의 이론만이 아니라 '천명미상'의 동아시아적인 에토스에 기반해 있다면, 이는 동아시아 공화주의의 기초로 수용될 수 있다. 문명사적으로 1842년 아편전쟁과 난징조약을 거친 뒤 동아시아는 서세동점의 시기로 동아시아적인 가치를 부정하거나 비판하면서 서구의 사상과 제도를 쫓아가기에 바빴다. 서양 문물과 지식을 받아들일 때는 중체서용(中體西用)이나 동도서기(東道西器)로 출발했지만, 시간이 지날수록 동아시아 문명이 낙후된 것으로 인식되어 변법자강(變法自疆) 등으로 가치와 사상까지 서구를 배우고 따라잡아야 한다는 의식으로 변화했다. 문명사에서는 이를 '고난의 시대(time of troubles)'라고 한다(임채원, 2024). 토인비는 문명이 진화하는 데는 400년 정도의 고난의 시기가 필요하다고 보았다. 고대 그리스 문명은 스파르타와 아테네의 패권 전쟁이었던 펠레폰네소스 전쟁(B.C. 431) 이후 쇠퇴의 길로 접어들었고, 아우구스투스에 의해 로마가 통일되고(B.C. 31) 로마 제국이 등장하기까지 400년 동안 고난의 시대를 겪었다는 것이다. 동아시아 문명에서도 중국 고대 문명은 송(宋)나라에서 쇠퇴하고 몽골의 침입으로 '고난의 시대'를 겪은 후에 세계 국가인 청나라로 어어졌다고 보고 있다(Toynbee,1987, p. 255).

동아시아 문명사에서 또 하나의 '고난의 시대'는 아편전쟁부터 최근까지 200여 년의 시기이다. 동아시아 문명이 아편전쟁 이후 서구 문명으로부터 침략과 수탈을 당하면서 최근까지 서구 문명을 따라잡기 했고, 이를 통해 다시 동아시아 문명의 다양한 분야에서 서구를 넘어서고 세계에 영향을 미치면서 '고난의 시대'가 마감되어 가고 있다.

한류와 이를 넘어서는 아시아 르네상스는 동아시아 문명에서 고난의 시대가 끝나고 새로운 문명이 열리고 있는 사례들이라고 할 수 있다.

공화주의 논쟁에서도 동아시아 문명의 고유한 가치와 서구 근대 공화주의를 수용하면서 아시아 르네상스 시대의 새로운 해석으로서 동아시아 공화주의가 새롭게 조명되어야 한다. 동아시아 공화주의는 서구 근대 공화주의의 공공선(res publica)을 기초로 한 국민 주권주의와 함께 '천명미상'이라는 동아시아적인 가치가 고려될 수 있다.

2016년 광화문에서 '대한민국은 민주 공화국'이라는 시민적 자각과 외침으로 민주 공화국에 대한 각성이 일어나고 있었지만, 헌법 제1조 제1항은 동아시아 문명의 '고난의 시대'에 서구 문명과 접촉을 통해 도입되었다. 1919년 상해 임시정부의 임시헌장 제1조에 이 조항이 들어간 이후 한국 헌법에서 한 번도 이 조항이 바뀐 적이 없지만, 처음 이 조항이 들어갈 때 의미와 촛불 혁명의 시기에 외쳐진 주장은 사뭇 다른 의의를 가진다.

서구의 전통에 기반한 근대 공화주의가 동아시아 문명에서 정치 쟁점이 된 것은 1912년 신해혁명과 그에 뒤에 제정된 손문 헌법 등 중국의 제헌 운동이었다, 그리고 이에 영향을 받아 1919년 4월 임시정부의 임시 헌장과 9월의 임시 헌법에도 근대 공화주의가 도입되게 되었다.

상해 임시정부의 임시 헌장과 임시 헌법 내용

1919년 4월에 상해 임시정부는 3 · 1운동의 정신을 이어 한 달 만에 10개 조항의 간명한 임시 헌장을 발표했다. 제1조의 "대한민국은 민주공화제로 한다"는 당시 근대 헌법을 받아들인 일본 헌법이나 중국 헌법과 달리 대한민국 헌법에만 자리 잡은 독특한 내용이었다. 대한제국이 아닌 대한민국으로 국호를 정한 것과 민주 공화제라는 공화주의 내용을 선언한 것은 당시 헌법 제정 과정에서 조소앙 · 신익희 등의 치열한 논쟁 속에서 탄생된 것이었다(신우철, 2004). 제1조는 당시 동아시아 헌법 중에서 대한민국의 헌법에만 규정되어 있는 것으로 헌법 정신에 대한 깊은 통찰을 담은 것이었다. 그러나 제2조에 "대한민국은 임시정부가 임시의정원의 결의에 의하여 통치한다"는 조문이 있지만, 임시 헌장은 권력 구조에 대한 다른 내용을 담고 있지 않다.

권력 구조에 관한 내용의 헌법 조항은 같은 해 9월 개헌을 통해 임시 헌법으로 이루어졌다. 제5조에 대한민국의 입법권은 의정원이, 행정권은 국무원이, 사법권은 법원이 행사한다는 세부 규정이 있었다. 권력 구조에 대한 내용들도 대폭 수용되었다. 제3장에 임시 대통령 조항을 넣어 임시 대통령은 국가를 대표하고 정부를 총감하며 법률을 공포한다고 명시하였다. 제5장에 국무원 규정을 넣었고 제38조에 행정사무는 내무, 외무, 법무, 재무, 교통의 각 부와 노동국을 설치하여 각기 분장한다고 되어 있었다. 헌장 다음에 부속한 문서에 국무총리라는 명칭이 처음 등장한다(국가정보법령센터. 법령00002,19190911). 임시 헌법에서 대통령 제도와 국무원, 그리고 국무총리 제도가 비로소 명문화되었다. 이는 서구 근대 헌법을 받아들여 명문화하였는데, 대통령제와 내각책임제인 국무원을 동시에 규정하고 있다는 점이 특이하다. 임시정부의 헌법은 해방 이후 헌법에서 대통령제와 의원내각제가 혼합적인 권력 구조를 이루는 기원이 되었다(진영재, 2009).

임시 헌법에는 1912년 중화민국임시약법, 1913년 천단헌법초안, 1914년 원세개 헌법 등의 영향력이 강하게 나타나고 있다. 1911년 신해혁명 이후 '헌법의 힘'으로 혁명을 완수하려는 중국은 수많은 헌법 문서들을 생산했는데, 이 내용들이 상해 임시 헌법에 반영되어 나타났다. 근대 공화주의 헌법을 받아들이면서 대통령제를 선호하는 세력과 내각책임제를 원하는 세력들 사이에 힘의 균형이 작동해 미국의 대통령제와 유럽의 내각책임제가 근대 중국 헌법에 혼합되어 수용되었다. 1919년 9월 임시 헌법에서 주도적인 역할을 한 신익희는 당시 쏟아져 나온 중국 헌법 초안들을 취사선택하여 대통령제와 국무원제를 모두 혼합해 수용하였다(신우철, 2004).

문제는 '고난의 시대'에 권력 구조에 관한 헌법 내용을 대통령제와 내각책임제를 각각 선호하는 다양한 정치 세력이 이해관계에 따라 취사선택했다고 단순하게 볼 수 없다는 점이다. 어느 문명의 정치 제도에나 그 문명의 정체성에 기반한 고유한 제도적 맥락이 있다. 중국의 제헌 헌법 초안들이나 상해 임시정부의 임시 헌법, 그리고 1948년 제헌 헌법의 권력 구조에 서구 근대 공화주의 헌법 내용인 대통령제와 국무원의 내각제가 혼합된 것으로 보는 것은 동아시아 문명의 정치 제도 맥락을 놓치고 있다. 1910년대 중국이나 한반도에서 서구적인 대통령제와 내각책임제의 혼합제적인 요소가 이질감 없이 쉽게 수용된 것은 동아시아의 제도적인 맥락과 맞닿아 있기 때문이다. 이 제도적 맥락은 천명 정치가 자리 잡은 동아시아 문명의 고대인 주나라의 『주례(周禮)』에서부터 나타나는 '보상(輔相)형' 제도의 원리다.

보상형 대통령제 개헌

'보상형' 대통령제의 기원과 원리

어느 문명이나 국가에서도 헌법 제도는 '고래의 헌정(ancient constitution)' 기원을 갖게 마련이다. 17~18세기 대서양 양안에 나타난 공화주의 정체들에서도 그리스와 로마의 고대 공화정과 근대 초기 이탈리아 공화주의에 영향을 받기는 하였지만, 자신들의 나라에 고유한 정치적 정체성과 당대 정치적 환경을 고려해 그들에게 적합한 정치체제를 고안해 냈다(Pockok,2009,120-124).

동아시아 문명에서 고래의 헌정은 역사적 뿌리를 거슬러 올라가면 주나라의 『주례』에 나오는 '군주와 총재(冢宰)', 조선 건국에서 정도전이 도입한 재상제, 세종의 의정부서사제(議政府署事制), 상해 임시정부의 임시 대통령과 국무총리제 그리고 제헌 헌법의 대통령과 국무총리 제도 등을 들 수 있다. 이러한 고래의 헌정은 '보상(輔相)의 국정 원리'로 군주와 재상 사이의 관계와 상호 역할론에 관한 것이며, 『서경』·『주역』·『시경』 등 동아시아 고전에서 확인되고 있다. 보상의 국정 원리는 군주를 황극(皇極)으로 하여 수레바퀴의 중심으로 보고, 재상을 수레바퀴의 살, 그리고 실제 집행 부서인 육조(六曹)를 수레바퀴로 보았다.

동아시아 문명에서 고래의 헌정은 군주제 국가의 국정 운영 원리였지만, '고난의 시대'에 서양의 공화주의 제도를 수용할 때도 제도의 설계와 수립에서 여전히 의식적이든 무의식적이든 중요한 역할을 하게 되었다. 미국의 대통령제와 유럽의 내각책임제는 그 제도의 기원이나 작동 원리가 상이한 면이 많음에도 불구하고 대통령제와 내각제적인 국무총리 제도의 조합이 어색하지 않게 받아들여졌다. '보상의 국정 원리'에서 군주와 재상의 관계가 공화주의 헌정 제도에서 대통령과 국무총리 혹은 국무회의 제도로 수용하는 데 거부감이 적었다. 이 보상의 원리는 동아시아 헌정의 국정 원리라고 할 수 있다.

보상의 원리에 대한 동아시아 문명의 철학적 근거는 주역에서 우선 찾아진다. 지천태(地天泰) 괘에 '재성천지지도 보상천지지의 이좌우민(財成天地之道 輔相天地之宜 以左右民)'이라고 하였다. 지천태(地天泰) 괘는 아래에 하늘이 있고 위에 땅이 있어 하늘은 위로 향해 올라가려고 하고 땅은 아래로 내려오려고 하여 화합해 조화를 이룬다는 의미이다(『주역』, 지천태). 보상은 하늘과 땅이 서로 도와 마땅함을 이룬다는 의미를 담고 있다. 이 보상의 국정 원리는 국정 운영을 바퀴를 굴리는 것에 비유해 군주를 황극으로 하여 수레의 중심으로 삼고, 육조는 집행 기관으로 수레바퀴를 의미하며, 재상은 그 사이에 있는 수레바퀴의 살로서 군주와 집행 부서 사이에서 가교 역할을 원활히 함을 의미한다. 한자의 뜻에서 보상의 '보(輔)'는 수레바퀴의 살을 말하며, '상(相)'은 재상을 의미한다.

이 보상의 원리가 동아시아 역사에서 처음 확인된 것은 은나라를 창업한 탕왕(湯王)과 그의 재상인 이윤(伊尹)의 관계다.[25] 이윤은 군주가 일에 마무리를 짓지 못하는 것은 곧 재상도 마무리를 못한 것으로 경계하고 있다. 보상과 대비되는 재성(財成)은 군주가 궁극적으로 이루어야 할 과업을 의미하며 보상은 그 과업을 뒷받침함을 뜻한다. 군주와 재상의 이상적인 관계는 은나라에서부터 보여 주고 있으며, 『주역』에서도 보상의 원리를 상징하고 있으면서 국정 운영에서 가장 핵심적인 원리로 다루고 있다.

그리고 보상의 원리는 동아시아 문명의 정치와 행정에서 고전적인 교과서 역할을 해 온 『주례』에서 더 확연히 나타나고 있다. 『주례』에는 군주와 재상을 중심으로 보상의 원리가 작동하며 천관(天官)인 재상을 총재(冢宰)라고 하여 국정을 총괄하게 했다. 오늘날 한국 헌법에서 국무총리의 원형이 이 총재 제도에 있다. 『주례』는 우주의 원리를

25) 『서경』, 「우서」, 태갑(상).

국정 운영에 적용해 천지와 춘하추동으로 6개 관청을 두었다. “천관은 총재로 방치(邦治)의 역할을 맡아 나라의 정치를 총괄하는 역할을 맡았다.”(정조정, 「대학연의보」)

이 육관 제도에서 가장 특이한 것은 천관을 총재로 하여 국정을 통할하고 군주를 보좌하는 특별한 임무를 부여하고 있는 것이다. 이는 주나라 초기의 정치 상황과 긴밀히 맞물려 있다. 주나라 문왕이 큰 뜻을 세우고 무왕(武王)이 은나라 주왕을 물리치고 혁명을 통해 주나라를 건국했다. 그러나 그가 일찍 죽고 난 뒤에 그의 아들인 성왕(成王)이 제위에 올랐으나 어리고 어리석었다. 그래서 무왕의 동생인 주공(周公)이 오랜 기간 섭정을 했다. 그리고 그가 물러난 뒤에도 어리석은 그의 조카 성왕이 함부로 국정을 전횡하지 못하도록 천관을 총재로 하여 보상의 원리에 따라 그를 보좌하게 했다. 국정 운영은 신중해야 하고 특히 암군(暗君)이 세습 군주로 등장할 때를 대비하여 권력을 견제하게 했다. 좋은 군주가 나타나서 국정을 잘 운영할 수도 있지만, 동서양을 막론하고 어리석은 군주가 국정을 농단할 때를 경계하고 그에 대한 제도적 장치를 마련하고자 했다. 주나라에서는 총재 제도를 통해 이러한 폐단을 미리 막으려고 했고, 이 제도는 동아시아 헌정에서 면면히 이어지는 제도가 되었다.

조선의 건국 정신과 의정부사서제에서 보상의 원리

보상의 원리에 의한 국정 운영은 조선에서 건국 정신으로 채택되었다. 조선을 설계한 정도전은 세습 군주와 과거제에 의해 선발된 관료의 혼합 정체(mixed constitution)로 조선을 운영하고자 했다. "국왕의 직책은 한 사람의 재상을 논리적인 이성에 근거해 정하는 것이며, 재상인 총재는 위로는 국왕을 받들고 아래로는 백관(百官)을 통솔해 만민을 다스리는 것이니, 그 직책이 매우 큰 것이다. 재상의 상(相)은 보상(輔相)의 의미로서 대신을 거느리고 임금을 도와서 나라를 다스림을 말한다."[26]

정도전은 세습 군주의 능력과 자질이 유전적으로 항상 일정하지 않기 때문에 보상의 원리를 재상 제도의 정당성을 확보하는 논리로 삼았다. 그는 "조선경국전에 나오는 보상(輔相)이라는 의미는 단순히 상급자에게 하급자가 보완적으로 봉사하거나 왕의 명령에 무조건 복종한다는 것이 아니라 왕의 결정에서 옳다고 동의하는 것에는 적극적으로 봉사하지만 옳지 않다고 생각하는 것은 끝까지 토론하고 잘못된 정책이 시행되는 것을 막아서 왕을 올바른 길로

---

26) 『조선경국전』(상), 권7(『삼봉집』하권, 12), 치전(治典) 총서(總序).

인도해야 한다는 것이다"(김운태, 2002, 34쪽)라고 했다.

이러한 보상의 원리는 세종 때 도입된 의정부서사제에도 반영되어 동아시아적 헌정을 확인할 수 있다. 의정부서사제는 인사, 군정, 형정 등 왕권 유지에 치명적인 이해관계를 가지는 것은 해당 부서인 이조, 병조, 형조에서 의정부를 거치지 않고 직접 국왕에게 보고하고 사소한 업무도 의정부에 올리지 않고 처리하는 반면, 그 나머지 중요한 정책 현안들은 각 부처에서 가부를 정해 의정부에 올리면 의정부에서 영의정 등이 다시 가부를 정해서 국왕에게 올리도록 하는 제도였다.

"이조, 병조의 인사권, 병조의 군사 작전, 형조의 사형수 외 재결 등은 각 부처가 왕에게 직계하고 정책을 시행하고 연이어 의정부에 보고하도록 하였다. 육조의 보고 가운데 합당하지 않은 것이 있으면 의정부로 하여금 재심하여 다시 올려 시행하도록 하였다. 또한 의정부 안에서 권력 관계도 달라졌다. 이전에는 좌의정과 우의정이 서무를 총괄하고 영의정은 간여하지 않았는데, 이때부터 영의정 이하가 가부를 동의해 의정부서사제를 시행하도록 하여 영의정으로 하여금 의정부에서 논의를 주도하도록 하였다."[27] 그리

27) 『세종실록』, 권 72, 세종 18년 4월 경술(庚戌).

고 『세종실록』에서 의정부서사제에 대한 또 다른 기록도 볼 수 있다. "사소한 일상 사무는 그대로 육조에 맡겨 예전과 같이 시행하도록 하였고, 한양 이외의 지역에서 육조에 보고한 공무를 해당 부처에서 가부를 의정해 의정부에 보고하면 의정부가 심의하여 계문하도록 하였으며, 그중 변경의 긴급 사항이나 시기를 맞추어 처리할 일은 해당 부처에서 계문한 후에 의정부에 보고하도록 하였다."[28]

세종의 국정 운영 성공은 의정부서사제와 같은 합의제에 기초한 동아시아적인 헌정이 제대로 기능하였기 때문이라고 할 수 있다. 세종과 같은 현명한 군주도 의정부의 보좌를 받아 그들의 의견을 경청하고 합의를 이끌어 내서 국정을 운영하였다. 동아시아 문명사에서 주나라 총재제와 같은 보상형 국정 운영을 가장 잘한 군주는 세종이라고 할 수 있을 것이다. 세종의 국정 운영 방식이었던 의정부서사제는 이후에 『경국대전』에 법제화되어 16자로 명문화되었다. 『경국대전』에 의정부의 기능은 "모든 관리들을 통솔하고 일반 정사를 처리하며 음양을 고르게 하고 나라를 운영해 나가는 것[總百官 平庶政 理陰陽 經邦國]"으로 규정되어 있다. 『경국대전』에 육조에 대한 규정은 상세함

28) 『세종실록』, 권 72, 세종 18년 4월 신유(辛酉).

에도 불구하고 의정부 규정은 16자의 총론 규정이 전부다. 이는 한(漢)나라의 재상 제도 규정을 그대로 이어 받고 있다. 마치 현행 헌법에 국무총리 규정을 '각부를 통할'한다는 애매한 규정과 같이 의정부 규정도 간략히 나와 있다. 달리 해석하면 의정부의 역할이 구체적으로 규정되지 않는 국정 전반을 다룬다는 것을 의미하기도 한다. 이러한 동아시아적 헌정에 나오는 선례들을 연구하는 것은 앞으로 개헌 등에 많은 시사를 줄 것이다.

이러한 동아시아적 헌정은 '고난의 시대'를 맞아 서구 근대 공화주의를 받아들이면서도 그 헌법 정신은 그대로 이어져 상해 임시정부의 임시 헌법과 1948년 제헌 헌법에도 수용되었다. 동아시아적 헌정의 맥락을 고려한다면 앞으로 제7공화국의 개헌에도 이러한 제도적 정신과 맥락을 수용하는 것이 무엇보다 중요하다.

1919년 임시 헌법과 1948년 제헌 헌법에서 보상의 원리

1919년 4월 상해 임시 헌장에서 '대한민국은 민주 공화제'라는 선언을 하여 서구의 근대 공화주의가 헌법 제도로 제도화되었다. 동아시아 문명에서는 헌법 제도를 공화주의로 한 것은 1912년 손문 헌법 이후 두 번째였다. 그러나 공화주의를 제도화하는 데 서구 민주국가들과는 다른 동아시아적 헌정의 제도가 공화주의 헌법에 녹아들었다. 대통령과 국무총리를 비롯한 국무원, 국무회의는 서구 근대 공화주의 이론으로 보면 대통령제와 내각제의 혼합형으로 볼 수 있겠지만, 동아시아 헌정으로 분석하면 '보상의 국정 원리'에 의한 것으로 서구의 제도를 받아들이기는 했지만 그 기본적인 틀은 주나라의 『주례』 등 유구한 동아시아 헌정에서 나타난 제도가 공화주의적인 양식으로 탈바꿈한 것으로 볼 수 있다.

1948년 제헌 헌법에서도 헌법 제1조 제1항 '대한민국은 민주 공화국'이라는 공화주의의 선언과 함께 대통령제와 국무총리, 국무위원, 국무회의에 대한 규정은 그대로 이어졌다. 제헌 헌법은 서구 근대 공화주의 이론에 의하면 대통령제와 내각책임제의 혼합형으로 볼 수 있지만, 동아시아적 혼합 정체에 의하면 '보상의 국정 원리'가 제도화된 '보상형 대통령제'라고 할 수 있다. '고난의 시대' 이전에는 군주제에서 보상의 원리가 국왕과 재상의 관계를 설명하는 원리였으나, '고난의 시대'를 거치면서 서구 근대 공화주의에 영향을 받아 동아시아적 헌정으로 '보상형 대통령제'로 자리 잡았다. 보상형 대통령제가 동아시아적 헌정이라고 할 수 있는 것은 사회주의 국가인 중국에서도 '주석과 총리'의 관계는 보상형 정치 제도로 운영하고 있는 데서도 찾아볼 수 있다. 중국 건국 초기 '마오쩌둥 주석과 주은래 총리'는 대표적인 보상형 관계의 사례이며, 현재까지 중국의 정치 제도는 '주석과 총리'의 보상형 관계를 지속하고 있다.

공화주의적 보상형 대통령제로 개헌

제헌 헌법 이후 제2공화국에서 내각책임제로의 개헌을 제외하면 수차례 개헌에도 불구하고 헌법 체계는 보상형 대통령제를 유지하고 있다. 각각의 헌법들은 시대 변화에도 불구하고 대통령제와 국무총리, 국무위원, 국무회의의 틀을 그대로 유지하고 있다. 그러나 이러한 보상형 대통령제는 제도 운영 방식에서 근대 공화주의를 수용했음에도 불구하고 여전히 제왕으로 군림하던 군주제의 유산을 그대로 가지고 있다. 군주제에서 보상의 국정 원리는 절대 권력을 가진 군주와 이를 보좌하는 재상의 관계를 벗어나지 못하고 있었다. 재상을 선택해 임명하고 파면하는 권한은 전적으로 군주에게 있었고, 재상은 군주의 임면에 따라 거취가 결정되었다. 이는 심각한 권력 불균형을 내포한 것으로, 제왕적인 국정 운영이 기본적으로 가능하게 되는 구조였다.

이러한 보상의 국정 원리는 그동안 공화주의와 민주주

의가 서구로부터 수용된 뒤에도 변하지 않고 현행 헌법에도 그대로 유지되고 있다. 1987년 민주화 이후 대통령 직선제가 헌법 조항에 명문화되면서 대통령의 권력 원천은 더 공고해졌고 대통령의 헌법적 권위를 누구도 따라잡을 수 없게 되었다. 직선제 대통령이 갖는 권력의 정당성은 국정 운영에서 누구도 제대로 비판할 수 없는 상황을 만들었고, 대통령제가 민주화 이후에 역설적이게도 더 제왕적으로 운영되고 있다. 대통령과 청와대 비서실의 권력을 국무총리나 장관이 제대로 비판을 할 수 없게 만들었다. 대통령과 국무총리 혹은 국무위원 사이에 권력의 불균형은 그 어느 때보다 심각하다.

두 차례 탄핵 사태를 겪는 1987년 헌법에서 대통령의 권력 집중을 완화하고 좀 더 제도적으로 공화의 원리에 충실한 헌정으로 개정을 요구받고 있다. 동아시아 헌정으로 보면, 국민 주권적 '보상의 원리'에 더 충실할 것을 의미한다. 개헌에서 권력 구조 개편의 방향은 보상의 국정 원리를 현대 민주주의 제도에 적합하도록 개혁하는 것이다. 봉건적 군주제와 근대 공화주의 제도의 가장 큰 차이는 선거, 정당, 의회와 같은 민주주의 제도가 정착했다는 점이다. 보상의 국정 원리도 이러한 민주주의적인 요소를 수용하는 것이 필수적이다. 대통령이 국민 직선제에 의해 선출되듯이 국무총리와 일부 국무위원들도 선거를 통해 정당성을 가진 의회에서 선출되는 것이 대통령과 국무총리/국무위원 사이의 권력 불균형을 해소하는 방법이다.

현재 국무총리는 대통령이 지명하고 국회의 동의 절차를 밟는 것으로 되어 있는 데 불과하지만, 개헌을 통해 국회에서 국무총리, 경제부총리, 사회부총리를 선출하는 것으로 제도를 바꿀 수 있다. 국회의원 중에 국회에서 선출을 통해 국무총리와 부총리 2명이 선출된다면 그들은 현재와 같이 대통령에게 어떤 비판도 하기 어려운 상황에서 벗어나 자율성과 독자성을 가지게 될 것이다. 국무총리는 대통령을 보좌해 국정을 통할하고 경제부총리는 경제 분야를, 사회부총리는 사회 분야를 관장할 수 있다. 지금과 같이 국무총리나 부총리들이 자기 책임과 정책 어젠다 없이 일반 관료와 다르지 않는 국정 운영은 개선되어야 한다.

이러한 반대통령제(semi-presidentialism)를 프랑스와 같은 이원집정부제라고 오해할 수도 있지만, 이 제도의 연원은 동아시아 헌정에 있고 그 운영에 관해서 3500년간 동아시아에서 쌓여 있는 철학과 사례들을 통해 문제를 해결할 수 있다. 먼저 대통령과 국무총리 역할 분담에서 의정부서사제의 경험을 도입할 수 있다. 의정부서사제에서 이조의 인사 문제, 병조와 형조의 문제는 의정부를 거치지 않고 국왕에게 전속권이 있었다. 이와 같이 국가 권력과 직접적인 관련이 있는 정부 관료에 대한 인사권과 행정 안전 업무, 외교와 국방 그리고 정보에 관련된 사항, 법무와 형사 문제 등은 국무총리가 아니라 대통령이 직접 관할하게 한다. 그 이외의 정부 업무는 국무총리, 경제부총리, 사회부총리가 우선 책임지고 국무회의에서 국무 조정을 통해 관리하게 한다. 이와 같은 국정 운영은 프랑스 등 서구의 반대통령제와 달리 국가 기능에 따른 권한 배분이 된다.

국무회의는 대통령과 국무총리가 주재하고 서구의 내각제적인 요소로 운영하지만, 동아시아 헌정의 '조정(朝政)'을 원형으로 하여 대통령, 국무총리, 그리고 국무위원들이 합의제 형식으로 운영하게 한다. 동아시아 국정 운영의 제도를 종합적으로 정리한 『대학연의보』의 '정조정(正朝政)'은 국무회의의 원형을 보여 주고 있다.

> "'백성이 가지고자 하여 가질 수 있는 근원인 토지는 조정에 달려 있고, 현명한 인재를 기용하는 것이 조정의 수단이며, 또한 안과 밖, 대소 관직의 진퇴와 취사는 오직 공론의 향방에 따라 살피면 조정이 올바르게 되고 천하의 안과 밖, 멀고 가까운 곳이 감히 하나같이 바르게 되지 않을 수 없다'는 이 말은 구체적이고 두루 갖추어져 들을 만

한다. 그중에서 공론을 참고하여 따른다는 이 말은 특히 절실한 요점이다." (구준, 정조정, 『대학연의보』)

헌법에 나와 있는 국무회의는 동아시아 헌정의 '조정'에 그 원형이 있다. 전통적 농업 사회에서 국가의 근원이 토지이고 이를 잘 운영하는 것이 조정에 달렸다고 보았다. 이 내용에 나오는 농업을 현대 사회의 다양한 산업으로 이해하면 조정의 역할을 하는 국무회의가 그 중심에 있다고 할 수 있다. 동아시아 헌정에서 국정 책임은 대통령과 국무총리를 위시한 국무회의에 있다. 그리고 그 일차적이고 최종적인 책임은 당연히 대통령에게 있다.

국정 운영은 국무회의를 포함한 정치 행정부(politico-administration relation)에서 행정적인 집행이 아니라 좀 더 정치적인 책임을 강조하는 방식으로 원활해져야 한다. 정치 행정부는 정치적 기능과 행정 관리적인 기능을 연결하는 핵심 기구들로, 대통령 선거와 총선의 결과가 정치적으로 잘 반영되어 정부 운영에 반응적으로 행정 조직이 움직이게 하는 핵심적인 역할을 한다. 이들은 정치적 책임과 동시에 집행 기능인 행정적 책임도 지는 정부 조직들이라고 할 수 있다. 정치 집행부는 대통령, 대통령실, 장차관뿐만 아니라 고위 공무원단을 포괄한다. 현행 고위 공무원단이 원래 취지에 맞게 관료적인 운영을 벗어나서 좀 더 정치적 책임을 지는 방향으로 개혁되고 개방되어야 정치적 책임에 충실할 수 있다.

보상형 대통령제의 성공 여부는 정치 집행부의 국가 운영 능력에 달려 있다. 대통령 선거와 총선 등 정치적 민감성과 책임성이 정부 관료제의 행정 조직에 제대로 반영되는 국정 운영 모델이 동아시아적 헌정으로부터 도출될 수 있다. 그리고 현행 헌법의 제왕적 대통령제에서 공화주의적 보상형 제도를 도입하는 것은 권력 집중을 완화하고 책임 정치를 확대할 수 있다. 공화주의적인 견제와 균형은 삼권 분립에 적용될 뿐만 아니라, 대통령과 국무총리/국무위원 사이의 정치 행정부에도 적용될 수 있다.

한국 정치와 같은 극단적인 대립과 갈등이 있는 정치 문화에서 정치 행정부에서 권력 분점이 일어나면 오히려 정쟁을 격화시키기만 할 뿐이라는 우려가 있을 수 있다. 그러나 이러한 갈등은 권력의 문제에 언제나 존재하는 것이며, 동아시아 헌정은 이러한 갈등 관리의 많은 모범 사례들을 가지고 있다. 서구적인 견제와 균형 못지않게 동아시아적인 보상의 원리에 근거한 갈등 관리가 참고가 될 수 있다. 예컨대, 정조는 채제공을 그의 재위 기간 중에 영의정으로 임명해 군신공치를 이루었다. 대통령, 국무총리, 부총리 간 갈등이 있을 수 있는데, 이에 대한 해답은 조선의 당쟁과 탕평책에서 찾을 수 있을 것이다.

촛불 혁명 이후에 지체되고 있는 헌법 개정이 시작되면 다양한 권력 구조에 대한 제안들이 나올 수 있다. 대통령 4년 중임제 등은 받아들일 수 있다. 국무총리와 부총리 등을 없애고 순수한 대통령제로 개헌을 주장할 수도 있다. 그러나 시행착오를 최대한 줄이고 안정적인 국정 운영을 위해서는 동아시아 헌정에서 오랜 동안 검증되고 시행되어 온 틀에서 크게 벗어나지 않는 것이 무엇보다 중요하다. 3500년 동안 동아시아 헌정에서 제도화되고 축적되어 온 제도적인 틀을 유지하고 이를 개선하는 것이 가장 좋은 정치 개혁의 방법이다. 역사를 통해 우리 헌정에 적합한 동아시아적 헌정의 지혜를 살리는 것이 최선의 개헌 방식이라고 할 수 있다. 그 외에 내각책임제나 서구식 이원집정부제 등 지금까지 한국에 생소한 제도들은 또 다른 시행착오와 비용을 불러올 것이므로 개헌 논의에서 지양하는 것이 바람직하다.

결론

2024년 겨울, '빛의 혁명'으로 '새로운 민주 공화국, 새로운 대한민국'에 대한 희망이 시민들 속에서 싹트고 있다. 지난 8년간 시민들이 한국 정치를 보면서 느낀 것은 희망과 기대가 절망과 좌절로 추락하는 경험이었다. 역설적으로 2016년과 2017년에 한국 시민들은 얼마나 엄청난 일을 해냈던가 하는 것을 새삼 실감하게 된다. 현대 공화주의 역사에서 촛불 혁명은 그 유래를 찾을 수 없는 제도권 정치와 광장이 평화롭게 조화를 이루면서 새로운 세상을 만들어 냈던 진기한 경험일 수도 있다. 연인원 1700만 명이 모였던 시민대집회는 한국 정치의 지체에도 불구하고 한류를 넘어서는 아시아 르네상스라는 거대한 물결을 만들어 내고 있다. 그리고 8년이 지난 지금 공화주의적 순간에 자라난 2030 세대들이 2024년 '빛의 혁명'에서 주역으로 등장하고 있다. 정치와 문화가 결합된 시민적 공화주의와 아시아 르네상스가 한 차원 고양되어 나타나고 있다.

이탈리아 르네상스가 14세기 초 밀라노 공국의 침입으로부터 피렌체 도시공화정을 지키기 위해 자발적으로 일어났던 시민들이 자각하고 공동체의식의 성숙을 만들어 냈듯이, 2016년 촛불 혁명과 2024년 '빛의 혁명'은 시민들의 자각과 새로운 공화주의적 공동체를 경험함으로써 아시아 르네상스를 만들어 내고 있다. 영화, 음악, 드라마, 문학에서 한류의 물결을 만들어 냈듯이 역사, 철학, 사회과학, 문명과 종교 등 다양한 분야에서 한류를 넘어서는 아시아 르네상스를 만들어 내고 있다.

동아시아 공화주의의 관점에서 보더라도 촛불 집회에서 '대한민국은 민주 공화국'이라는 서구 근대 공화주의의 국민 주권주의와 함께 '민심은 천심'이라는 동아시아적 에토스가 합쳐지고 탄핵 절차라는 절차적 민주주의가 하나의 새로운 헌정 질서를 만들어 냈다. 이러한 새로운 질서를 만들어 내는 데에는, 200여 년의 '고난의 시대'를 지나 동아시아 문명의 가치와 제도에 서구 근대 공화주의가 수용되고 국회와 헌법재판소의 헌법 규정에 따른 절차적 민주주의가 실현되면서 정치 영역에서도 '아시아 르네상스'가 열리게 되었다. 동아시아 문명의 가치와 서구의 공화주의 제도가 결합해 이전까지 인류가 경험해 보지 못했던 새로운 정치를 탄생시켰다. 이것이 아시아 르네상스이고 동아시아 공화주의이다.

촛불 혁명 이후에 곧바로 이어져야 할 새로운 헌정으로 헌법 개정이 지연되고 있다. 제도권 정치는 지난 8년 동안 개헌 문제에 대해 어떤 실질적인 진전도 이루지 못하고 있다. 최근에 다시 대통령 탄핵과 임기 단축 개헌 등이 정치적 구호로 등장하고 있지만, 개헌에 대한 구체적인 내용들은 진척이 없다. 2년 임기의 국회의장들은 단골 메뉴로 개헌특위를 구성하고 개헌안을 내놓지만, 국민적 공감을 얻지 못하는 공허한 메아리에 그치고 있다.

제7공화국을 향한 개헌은 '공화 헌법'이다. 1987년 민주화는 대통령 직선제를 통한 '민주 헌법'으로의 개헌이었다면, 촛불 혁명 이후 개헌은 광장에서 요구한 국민 주권주의를 실현하는 '공화 헌법'으로의 개헌이다. 가장 시급한 것은 제왕적 대통령의 권한을 분산해서 대통령에 의한 국정농단이 없도록 제도적 대안을 마련하는 일이다. 제헌 헌법 이래로 대통령과 국무총리 등 '보상의 원리'에 의한 동아시아 헌정을 한국 헌법은 유지해 왔다. 그런데 봉건제적인 군주제에서 운영되었던 '보상의 국정 운영'은 근대 공화주의 제도가 도입되었음에도 불구하고 대통령에게 과도하게 권력이 집중되어 근대적인 삼권 분립의 원칙을 수용하지 못하고 있다. 1987년 헌법 개정 이후에 오히려 대통령의 권력은 더 강해지고 있다. 직선제로 선출된 대통령의 정당성은 임명직에 불과한 국무총리나 국무위원들이 비판할 수 있는 여지를 더 줄여 놓았다. 국무총리와 국무위원들은 대통령과 같은 국정 동반자가 아니라, 대통령에 의해 임명된 관료 이상의 역할을 하지 못하고 있다. 이러한 권력 불균형을 해소하기 위해 국무총리, 경제부총리, 사회부총리를 국회의원 중에서 선출하도록 하는 헌법 개정이 필수적이다. 적어도 총선을 통해 선출된 국회의원이 국회에서 스스로 투표로 뽑은 국무총리와 두 부총리는 대통령에 대해 상대적인 자율성과 독립성을 확보할 수 있다. 이것이 '보상형 대통령제'로의 개헌이다.

2024년 '빛의 혁명' 이후 제7공화국으로의 개헌에서 서구 문명의 제도들을 검토하는 것은 오히려 시행착오와 혼란만을 야기할 수 있다. 4년 중임제 대통령제로의 개헌과 국무총리/부총리의 국회 선출 등은 동아시아 공화주의에 적합한 개헌 방향이라고 할 수 있다. 3500년의 긴 역사를 가진 보상 원리를 적용한 공화주의적 보상형 대통령제는 동아시아 문명에서 숱한 사례들과 제도적 경험을 통해 새로운 헌정 질서에 대한 해답들을 풍부하게 제공할 수 있다.

동아시아 공화주의는 『주례』, 조선 정도전의 개혁 정치, 세종의 의정부서사제, 『경국대전』의 의정부 명문화 등 제도적 경험과 『조선왕조실록』 등의 무수한 사례를 통해 새로운 헌정 질서에서 일어날 수 있는 문제들에 대한 해답을 제공할 것이다. 아시아 르네상스 시대에는 동아시아적 헌정의 가치, 보상의 원리를 통한 정책 사례, 서구 근대 공화주의 사상과 제도들을 수용해 새로운 '보상형 대통령제'로 개헌하는 것이 가장 적합한 헌정 체제라고 할 수 있다.

참고문헌

〈동아시아 고전〉

『조선왕조실록』, 규장각.

『대학,』 내각장판, 규장각.

『시경』, 내각장판, 규장각.

『서경』, 내각장판, 규장각.

『주역』, 내각장판, 규장각.

『대학연의보』, 160권, 1792년 각본 영인본 1979, 中文出版社, 京都.

〈국내외 도서와 논문〉

국사편찬위원회 편(1983). 『한국독립운동사』. 정음문화사.

김운태(2002). 『조선왕조정치 · 행정사』. 박영사.

김운태(2002). 『일본제국주의의 한국통치』. 박영사.

남지대(1980). 조선초기의 경연제도: 세종 문종연간을 중심으로. 『한국사론』, 6호.

박노해(2017). 우리가 손에 든 건 촛불이었지만 우리 가슴에 든 건 혁명이었다. 김예슬(저). 『촛불혁명』(18~25쪽). 느린걸음.

박동서(1983). 『전통사회의 관료체제』. 한국학인문학술원.

박은식(1975). 『한국독립운동지혈사』. 성진문화사.

박천오(2005). 한국 정책과정에서의 부처 간 권력관계에 관한 실증연구. 『행정논총』, 43권 3호, 1~30.

문정식(2001). 조선시대 인사행정제도에 관한 연구. 『한국행정사학지』, 10권, 141~164.

서희경(2012). 『대한민국 헌법의 탄생』. 파주: 창비.

성백효 역(1998). 『서경집전』. 전통문화연구회.

손세일(1969). 대한민국 임시정부의 정치지도체계: 임시헌법 개정 과정을 중심으로. 『3 · 1운동 50주년기념논문집』. 동아일보사.

신우철(2004). 중국의 제헌운동이 상해 임시정부 헌법제정에 미친 영향. 『법사학연구』, 29호, 5~55.

아리스토텔레스 저, 천병희 역(2009). 『정치학』. 도서출판 숲.

유형원(1994). 『반계수록』. 명문당.

이익(1977). 『성호사설』. 동화출판사.

임채원(2005). 『보수의 빈곤과 정책담론』. 한울아카데미.

임채원(2008). 『공화주의적 국정운영』. 한울아카데미.

임채원 · 도명록(2013). 2012년의 진보-보수 균열과 시민행동주의: 공화주의적 계기 속 바론테제의 적용. 『의정연구』, 38호, 245~281.

임채원(2017a). 동아시아적 헌정으로서 '보상형' 대통령제. 『한국정책학회 춘계학술발표대회 논문집』, 55~80.

임채원(2017b). 『시민적 공화주의: 시민대집회와 광화문 일기』. 한울아카데미.

임채원(2017c). 마키아벨리적 모멘트로서 시민적 공화주의. 『시민과세계』, 30호, 55~108.

임채원(2021). '보상'형 대통령제에서 정무직과 고위공무원단의 인사개혁 방향과 대안. 『한국행정학회 동계학술발표대회 논문집』, 1581~1604.

임채원(2023). "수기치인"의 동아시아 문명의 봄. 『OUGHTOPIA』,

37권 3호, 145~182.

임채원(2024). 박동서와 이한빈의 발전국가론과 새로운 해석으로서 역량국가. 『한국행정학회 동계학술발표대회 논문집』.

정긍식(2007). 법서의 출판과 보급으로 본 조선 사회의 법적 성격. 『서울대학교 법학』, 48권 4호, 88~123.

정도전(1983). 『조선경국전』. 미문출판사.

정도전(1972). 『경제문감』. 동화출판사.

정약용(2004). 『경세유표』. 현대실학사.

진영재 · 최선(2009). '한국적 권력구조'의 기원적 형태. 『한국정치학회보』, 43권 2호, 25~49.

진원숙(1996). 한스 바론과 시민적 휴머니즘. 『계명사학』, 7호, 99~140.

최승희(1976). 『조선초기 언관 · 언론연구』. 서울대학교출판부.

한충희(1987). 조선초기 육조연구 첨보: 육조와 통치기구와의 관계를 중심으로. 『대구사학』, 33권, 1~47.

한충희(1991). 조선전기(태조~선조 24년)의 권력구조 연구: 의정부 · 육조 · 승정원을 중심으로. 『국사관논총』, 30집, 38~95.

한충희(1980). 조선초기 의정부 연구(상). 『한국사연구』, 31호, 89~149.

한충희(1981). 조선초기 의정부 연구(하). 『한국사연구』, 32, 85~102.

황용운(1981). 경국대전 성립 배경에 대한 연구. 『동국사학』, 15권, 186~219.

해밀턴 등(1995). 『페더랄리스트 페이퍼』. 김동영 역. 한울.

Allision, G.(2017). *Destined for war: Can America and China escape Thucydides's trap?.* Mariner Books. 정혜윤 (역)(2018). 『예정된 전쟁』. 세종서적.

Blake, R.(2012). *Disraeli.* Faber &Faber.

Baron, H.(1953). A struggle for liberty in the renaissance: Florence, Venice, and Milan in the early quattrocento. *The American Historical Review. 58*(3), 544~570.

Baron, H.(1960). Burckhardt's 'civilization of the renaissance' a century after its publication. *Renaissance News, 13*(3), 207~222.

Baron, H.(1966). *The crisis of the early Italian renaissance.* Princeton University Press.

Baron, H.(1967). Leonardo Bruni: "Professional rhetorician" or "civic humanist"?. *Past & Present, 36*, 21~37.

Burckhardt, J.(2019). *The civilisation of the period of the renaissance in Italy.* Routledge.

Cheibub, J. A., Przeworski, A., Limongi Neto, F. P., & Alvarez, M. M.(1996). What makes democracies endure?. *Journal of democracy, 7*(1), 39~55.

Eaton, K.(2000). Parliamentarism versus presidentialism in the policy arena. *Comparative Politics, 32*(3), 355~376.

Elgie, R.(1999). The politics of semi-presidentialism. In *Semi-presidentialism in Europe* (pp. 1~21). Oxford, UK: Oxford University Press.

Elgie, R.(2005). From Linz to Tsebelis: Three waves of presidential/parliamentary studies?. *Democratization, 12*(1), 106~122.

Huntington, S.(1996). *The clash fo civilization and the remaking of world order.* Simon & Schuster.

Linz, J. J.(1990). The perils of presidentialism. *Journal of democracy, 1*(1), 51~69.

Linz, J. J. (1990). The virtues of parliamentarism. *Journal of Democracy, 1*(4), 84~91.

Lijphart, A.(2012). *Patterns of democracy: Government forms and performance in thirty-six countries.* Yale University Press.

Machiavelli, N.(1513). *The prince* (Hertfordshire: Wordsworth Editions, 1993).

Mainwaring, S.(1993). Presidentialism, multipartism, and democracy the difficult combination. *Comparative Political Studies, 26*(2), 198~228.

Mainwaring, S.(1997). *Presidentialism and democracy in Latin America.* Cambridge University Press.

Mainwaring, S., & Shugart, M. S.(1997). Juan Linz, presidentialism, and democracy: A critical appraisal. *Comparative Politics, 29*(4), 449~471.

Peters, B. G.(2011). *Institutional theory in political science: The new institutionalism.* Bloomsbury Publishing USA.

Pocock, J. G. A.(1975). *Harrington: The commonwealth of oceana and a system of politics.* Cambridge University Press.

Pocock, J. G. A.(1975). *The Machiavellian moment: Florentine political thought and the Atlantic republican tradition.* Princeton University Press.

Pocock, J. G. A.(1987). *The ancient constitution and the feudal law: A study of English historical thought in the seventeenth century* (Vol. 276). Cambridge University Press.

Shugart, M. S.(1999). Presidentialism, parliamentarism, and the provision of collective goods in less-developed countries. *Constitutional Political Economy, 10*(1), 53~88.

Shugart, M. S.(2005). Semi-presidential systems: Dual executive and mixed authority patterns. *French Politics, 3*(3), 323~351.

Shugart, M. S., & Carey, J. M.(1992). *Presidents and assemblies: Constitutional design and electoral dynamics.* Cambridge University Press.

Shugart, M. S., & Haggard, S. (2001). Institutions and public policy in presidential systems. In *Presidents, parliaments, and policy* (pp. 64~102). Cambridge University Press.

Toynbee, A. J.(1931). *A journey to China or things which are seen.* London: Constable.

Toynbee, A. J.(1987). *A study of history: Volume I: Abridgement of volumes I-VI* (Vol. 1, 2). Oxford Paperbacks.

Toynbee, A. J., & Somervell, D. C.(1948). *Civilization on trial.* New York: Oxford University Press.

〈법령 참고〉

국가정보법령센터

04

검찰 통치와 포퓰리스트 헌정주의[29)]

안병진 경희대학교

문제의식: 정치 질서 분석의 필요성

윤석열 대통령은 정당이나 의회에서 정치적 경험을 훈련하지 않고 검찰총장에서 곧장 대통령으로 출마하여 당선된 희귀한 사례다.[30)] 국내외적으로 비교의 사례를 찾기 어

---

29) 필자는 윤석열 행정부의 초기 시점에서 세계적으로도 극히 경우를 찾아보기 어려운 검찰 통치 양식의 전면화라는 독특성에 주목하여 이를 개념적으로 포착하고자 했다. 하지만 그 이후 윤석열 대통령은 검찰 통치를 넘어 친위 쿠데타에 의한 계엄 발동이라는 완전히 다른 차원의 정치 양식으로 비약했다. 필자는 향후에 이 검찰 통치 양식에서 비상계엄 통치 양식으로의 전개과정과 비약에 대한 세부적 분석 및 미국 트럼프 행정부 등과의 비교정치적 연구를 별도의 논문과 단행본을 통해 제기하고자 한다.

30) 검찰 출신이 정치권에 자주 진출하는 미국의 경우에도 대개는 지

려운 이 예외적 등장 때문에 윤석열 행정부에 대한 다양한 평가들은 주로 검찰 출신이라는 배경과 개인적 기질에 대한 분석이 주로 이루어지고 있다. 물론 대통령의 개인 기질은 한국처럼 대통령제를 채택한 국가에 대한 연구에서 중요한 분야로 바버(Barber, 1992)의 선구적이고 정교한 유형론 성과 이후 풍부한 발전의 역사를 가지고 있다. 특히 제도적 불안정성이 크고 의회 등의 대통령의 제왕적 리더십에 대한 견제가 약한 한국 정치에서 대통령의 개인 성격은 매우 중요한 역할을 수행한다.

하지만 이 논문은 검찰 출신으로서의 윤석열 대통령 개인 스타일의 독특성만이 아니라 행정부 전반을 관통하는

방이나 주 차원 검사장을 거쳐 주나 연방 정치인의 선출직에 도전하곤 한다. 어느 정도 정치적 경험과 명성이 쌓이면 일부는 대선 주자급으로 도약한다. 예를 들어 대선 후보였던 루돌프 줄리아니 전 시장은 뉴욕 지방 검사장 출신이고 카멀라 해리스 현 부통령은 캘리포니아 검찰총장 출신으로 상원의원을 거쳐 대선 후보로 도약했다. 법무부 장관을 지낸 로버트 케네디 대선 후보도 뉴욕 상원의원 출신이다. 이는 공직에서 정치적 훈련과 경험을 중시해 온 전통적인 미국 정치 문화의 영향이 크다. 물론 트럼프와 같은 기업가가 곧장 대통령으로 당선되는 등 이 전통이 무너지고 있지만 한국 정치와 비교한다면 여전히 정치적 훈련의 여부가 유권자들에게 중요하게 받아들여지는 것은 사실이다.

포괄적 통치 양식 분석의 필요성을 제기하고자 한다. 왜냐하면 아래에서 후술하겠지만 지금 윤석열 행정부의 가치나 담론, 그리고 활동 양식에서 드러나고 있는 성격들이 기존 한국 정치에서 보이는 모습과는 사뭇 다른 측면들이 다양하게 포착되고 있기 때문이다. 정치학의 영역은 단지 미디어에 흔히 등장하는 표피적 인상기를 넘어 새로운 특징의 징후와 사건들을 개념으로 포착하고 이를 정치 이론과 경험 연구로 발전해 나가는 작업이 중요하다. 따라서 이 논문은 무엇이 새로운 정치 질서(political order)의 특징으로 포착되는지에 주로 초점을 맞추어 분석하고자 한다.

필자가 말하는 정치 질서란 단순히 정당의 교체를 넘어 집권 세력이 구사하는 가치와 담론, 통치 방식과 핵심 행위자, 정치 연합 등에서 어떤 특징을 지니는지를 포괄적으로 말한다(Plotke, 1996). 그리고 그 정치 질서 분석에서 주요한 대상 중 하나인 정치 담론은 라클라우와 무페의 헤게모니 이론을 발전시키는 에섹스 학파(Essex School)가 주장하듯이 단지 수사를 의미하는 것이 아니라 언어와 실천(action)을 포괄하는 더 폭넓은 의미와 효과를 가진다(Arato & Cohen, 2022, p. 4). 예를 들어 미국의 1992년 등장한 빌 클린턴 행정부는 민주당 정권으로의 교체이지만 담론에서는 레이건 보수주의 담론 자장하에서 균형 예산

과 생산적 복지 등을 추구하였다(Wilentz, 2009). 그리고 당시 균형 예산 아젠다 등 혁신 IT 기업가 출신 로스 페로 후보가 주로 대표하는 중도주의를 수용하면서 사실상 진보 + 중도 정치 연합을 구성한 국정 운영 세력이라는 특성을 이해할 필요가 있다. 이는 단순히 클린턴과 민주당이 표방했던 '사람 중심 진보 노선(people first)'으로만 이해하는 것보다 더 폭넓은 인식을 가능하게 한다. 이 정치 질서 전반의 특징과 제약을 이해한다면 클린턴 행정부의 다양한 행위들이 가지는 의도, 내적 긴장, 정치적 균열, 선택의 제약과 가능성 들을 균형 있게 포착할 수 있다.

물론 윤석열 행정부는 아직 정치 질서 전반의 특징을 총체적 평가를 내리기 힘든 초기 단계이다. 하지만 이 연구의 주 의도는 현재 미디어들의 인상 비평을 넘어 다양한 정치학적 시각들의 분석과 심화를 촉진하는 데 조금이나마 기여하고자 하는 데 있다. 그런 의미에서 이 논문은 시론의 성격이고 이후 윤석열 행정부의 전개 양상 속에서 부단히 심화시켜 가고자 한다. 이후 윤석열 행정부에 대한 정치학의 체계적 평가는 가치, 담론, 정책, 정치 연합, 유권자 행태, 정당, 사회 운동은 물론이고 자본 분파와의 관계라는 정치경제학적 분석 등 다양한 접근법이 논쟁하며 심화될 필요가 있다.

이 시론은 이 다양한 접근법 중 특히 정치 질서 전반의 특징과 관련한 연구로서 본 연구자는 다음의 일련의 질문들을 던지고자 한다. 첫째, 윤석열 행정부는 어떤 정치 질서로 규정할 수 있는가? 둘째, 그 정치 질서가 추구하는 주요 가치와 담론, 통치 방식, 핵심 행위자, 정치 연합 등에서 보이는 일련의 특징은 무엇인가? 셋째, 위의 특징들은 어떤 강점과 취약점, 모순 및 균열점 등을 가지는가? 넷째, 지금까지 윤석열 행정부의 통치 양식으로 볼 때 향후 어떠한 전망이 가능한가?

아래 본문에서 보다 자세히 밝힐 필자의 핵심 논지는 간단히 다음과 같이 요약할 수 있다. 지금까지 드러난 윤석열 행정부는 한국 정치사에 최초로 등장한 검찰 통치의 정치 질서라 할 수 있다. 이는 단지 많은 검사 출신들이 행정부에 참여한다는 숫자의 양적 의미를 넘어 통치 양식 전반의 특징을 지칭한다. 이를 포착하는 기존 정치학 용어가 없기에 발표자는 이를 검찰의 기소를 의미하는 'Prosecute'와 통치 체제를 표현하는 'Cracy'를 조합해 '검찰 통치(Prosecracy)'라 명명하고자 한다. 원래 윤석열 대통령은 후보 시절 법과 규범의 자유주의 국내외 정치 질서(liberal domestic and international order) 표방과 소통의 정치 복원을 공약하였다. 하지만 초기에 일부 정치적 소통의 시도가 나타났을 뿐 지금까지는 전반적으로 이 헌정주의 목표는 반대당을 경쟁자로 간주하기보다는 기득권 카르텔이나 적으로 규정하고 본인을 이를 척결하는 소명을 가진 국민의 대변자로 자청하는 포퓰리즘적 담론과 긴장을 일으킨다. 이에 필자는 이를 아라토와 코헨(Arato & Cohen, 2022)의 개념을 활용하여 '포퓰리스트 헌정주의' 통치(rule by populist constitutionalism)로 규정한다. 그리고 윤석열 행정부의 포퓰리즘 헌정주의 특징은 더 세분화하자면 기득권 카르텔과의 적대적 투쟁론, 법과 질서(law and order) 담론에 근거한 '범죄와 처벌론(crime and punishment)', '다른 수단에 의한 정치(politics by other means)'에 의한 자의적 법 중심주의(arbitrary legalism), 카리스마적 대통령에 의한 결단주의(decisionism), 그리고 이 모든 것을 뒷받침하는 검사 + 관료 + 강경 우파 통치 체제로 구현되고 있다. 이를 견제해야 할 반대당들은 법치와 개인 권리에 대한 자유주의 헌정주의(더 넓게는 견제와 균형, 시민 참여 등 공화주의적 기조) 가치 세력의 결핍으로 인해 윤석렬 행정부와 사실상 '적대적 상호 의존'의 교착 상태를 만들어 내고 있기에 한국 정치는 심각한 위기에 봉착하고 있다. 더구나 총선 이후 상황 전개에 따라서는 이 초기 단계의 포퓰리즘 헌정주의 기조가 더 권위주의적으로 악화될 것이 우려된다.

이 논문의 의의를 찾자면 미디어에서 흔히 발견되곤 하는 정치 평론들이 가지는 인상 비평을 넘어 정치학적으로 윤석열 행정부의 독특한 특징을 정치 질서론으로 포착하고 그 특징들을 제기한다는 점이다. 특히 헌정주의, 법과 질서 담론 등에 대한 미디어의 단순한 위선 지적을 넘어 이를 아라토와 코헨(Arato & Cohen, 2022) 등의 새로운 정치학적 시도(포퓰리즘 헌정주의)을 활용하여 이론화를 시도한다. 그리고 현재 윤석열 행정부의 국내 정치와 외교 · 안보 노선을 흔히 관습적 해석과 달리 개별적으로 분리하지 않고 '자유주의', '결단주의'라는 통합적인 담론으로 이해하려고 하는 점도 새로운 접근 방식이라 제기하고 싶다. 희망컨대 이 글에서 제기하는 개념 도구들이 이후 윤석열 행정부에 대한 정치학계의 다양한 이론적 개입과 경험적 연구의 입구가 될 수 있다면 이 또한 후속 연구 활성화를 위한 이 시론 연구의 의의라 생각한다.

검찰 통치라는 정치 질서의 다양한 특징들

필자가 흔히 미디어에서 등장하는 특수부 검찰 출신 배경을 가진 대통령의 리더십 스타일 묘사와 구분하고자 하는 것은 행정부 전반에서 드러나는 새로운 정치 질서 특징들의 출현이다. 2024년 4월 총선이나 혹은 집권 중반기 등의 중요 전환점 이후에도 이 특징들이 보다 분명해질지 아니면 기존 정치 질서와 유사한 성격으로 돌아갈 지는 현재로서는 알 수 없다. 다만 아래에서의 세 가지 특징들은 향후 윤석열 행정부에 대한 정치학적 이론화 논쟁에서 생각해 볼 논점으로 제기하고자 한다.

포퓰리스트 헌정주의(populist constitutionalism) 담론의 초기 전개

윤석열 대통령은 역대 어느 행정부의 대통령보다 헌정주의 가치 기조하에서 자유와 법치라는 단어를 강조해 온 것으로 유명하다. 여기서 헌정주의란 국가가 헌법이 규정한 법의 원칙에 따라 통치되는 걸 말한다. 예를 들어『한겨레』방준호 기자는 2022년 5월 10일 취임식에서부터 취임 1년이 된 시점인 4월 말까지 윤석열 대통령이 자유라는 단어를 157번이나 거명되었다고 지적하고 있다(2023. 5. 5).

흔히 헌정주의와 포퓰리즘은 서로 대조되는 개념으로

서 하나의 개념으로 공존할 수 없는 형용 모순으로 이해된다. 왜냐하면 헌정주의의 법의 지배와 달리 포퓰리즘은 카리스마를 가진 리더가 기득권 질서를 상대로 자신이 국민 전체를 대표하여 투쟁한다는 담론이다. 따라서 적법한 절차와 헌법의 해석보다는 민중의 동원이나 카리스마적 인물을 강조하는 경향을 가지기 쉽다(Mouffe, 2019). 하지만 아라토와 코헨은 사실 근대 대의제 자체가 구조적으로는 권력이 국민에게 있다는 국민 주권(popular sovereignty)의 추구와 헌정주의적 제약 사이의 영원한 긴장이 내재한다고 적절히 지적한다(Arato & Cohen, 2022, p. 17). 따라서 기득권과 맞서 국민 주권을 자신이 유일하게 대표한다는 포퓰리스트의 등장의 틈새는 항상 현대 정치에 존재할 수밖에 없다. 이때 아라토는 단지 이 영원한 긴장을 지적하는 것에 머무르지 않고 그간 학계가 이 포퓰리즘과 헌정주의를 별개의 영역이거나 형용모순으로 간주할 뿐 때로는 포퓰리스트들이 다양한 수위와 단계로 헌정주의를 활용하는 양태나 그 자유주의 대안에 주목하지 않았다고 지적한다(ibid., p. 175).

아라토와 코핸은 이 헌정주의와 포퓰리즘의 통합과 긴장이라는 화두에 주목하면서 이를 더 분석적이고 경험적인 3단계론으로 발전시킨다. 그들은 첫째, 민주주의 정체를 기본적으로는 유지하지만 행정, 입법, 사법의 삼부 중 일부(주로 행정부) 등을 장악하고 권위주의적 규범과 실천을 부단히 혼합해 나가는 초기 단계[아라토와 코헨은 이를 정부 내 포퓰리즘(populism "in" government)으로 명명]이다. 두 번째는 사실상 포퓰리즘이 이 삼부를 지배하면서 민주정의 규범과 헌정주의를 심대하게 훼손하는 포퓰리스트 혼합 정치 체제(populist hybrid: populism as "the" government) 단계이다. 이 단계는 헌정주의 민주주의와 권위주의적 독재의 사이에 위치한다. 마지막으로는 아예 포퓰리즘 헌정주의가 가지는 권위주의가 독재 정치와 구분이 되지 않고 헌법은 더 이상 자의적 행정부의 전횡을 제약하지 못하는 단계이다(Arato & Cohen, 2022, p. 20). 아라토와 코헨의 이 단계론은 포퓰리즘과 헌정주의의 관계를 비교정치학적으로 분석하는 데 유용한 개념 도구를 제공해 준다.

다만 이 연구는 아라토와 코헨의 3단계 개념에 대한 이론적 논쟁이나 이를 한국 정치에 경험적으로 적용하는 목적을 가지고 있지는 않다. 이는 별도의 주제를 가진 깊은 이론적 논쟁 및 윤석열 행정부의 수년에 걸친 풍부한 사례가 요구된다. 다만 여기에서 아라토와 코헨의 이 포퓰리즘과 헌정주의의 관계에 대한 이론을 거명하는 이유는 취임

1년이 지난 지금 윤석열 행정부가 보이는 추세를 어느 정도 포착하기에 유용하기 때문이다.

사실 윤석열 대통령은 캠페인 시절부터 지금 국정 운영 시점에 이르기까지 주로 정치적 경쟁의 언어보다는 기득권과 카르텔 등 적대적 언어 및 이에 대한 자신의 소명을 더 강조해 왔다. 그리고 초기의 도어스태핑에 대한 강력한 의지는 의회나 기존 제도를 우회해서 국민과의 직접 소통을 더 선호하는 포퓰리즘의 전형적 전략이다. 아래에서 보겠지만 최근에 이 포퓰리스트 기질은 언론, 재난 위기관리, 반대 세력에 대한 인식 등 여러 측면에서 아라토와 코헨이 말한 권위주의적 규범과 실행으로 더 강하게 나타나고 있다.

이 포퓰리스트 경향성은 윤석열 검찰총장과 윤석열 대통령이 그토록 강조해 온 자유 민주주의 및 헌정주의와 긴장을 일으킨다. 그런 점에서 이 포퓰리스트 경향성만으로 윤석열 행정부를 분석하면 또 다른 중요한 측면인 헌정주의를 놓치게 된다. 필자가 이 양자의 관계에 주목한 아라토와 코헨의 접근에 주목하는 이유가 거기에 있다. 물론 기존 대통령들도 권위주의적 스타일들이 빈번하게 나타나기에 흔히 제왕적 대통령제라 불린다. 그리고 윤석열 행정부도 비슷한 구조적 특징(행정부 권력의 우위) 속에서 움직인다. 다만 이 글은 기존 대통령들과 달리 헌정주의 담론을 보다 전면화하면서 동시에 포퓰리즘을 동원하는 독특한 특징과 긴장, 그리고 내적 모순의 새 특징에 더 주목한다.

사실 윤석열 대통령의 헌정주의에 대한 강조는 포퓰리스트 정치인의 전술적 수사라기보다는 진정성을 가진 내재화된 가치로 평가할 수 있다. 그는 검사 시절부터 이 가치를 자신의 가장 중요한 소명으로 강조해 왔다. 그의 검찰총장 취임사 중 아래 구절은 그가 검찰총장 시절이나 대통령으로서 중요시하는 가치를 잘 표현한다.

> 형사법 집행은 국민으로부터 부여받은 권력이고 가장 강력한 공권력입니다. 국민으로부터 부여받은 권한이므로 오로지 헌법과 법에 따라 국민을 위해서만 쓰여야 하고, 사익이나 특정 세력을 위해 쓰여서는 안 됩니다.

그의 자유 민주 국가에서의 헌정주의에 대한 소신은 검찰총장 시절 진중권 평론가와의 대담에서 잘 드러난다. 당시 윤석열 총장은 헌법과 법률 상위에 있는 정치적 결단을 강조하는 칼 슈미트의 결단주의를 알고 있는 진중권 평론가에 대해 호감을 표명한 바 있다. 슈미트는 정치를 갈등적 경쟁 차원을 넘어 적과의 적대적 투쟁의 수위에서 간주하는 비자유주의 사상가이다. 윤석열 총장은 독재 정권 시절 칼 슈미트가 헌법 이론의 주류였지만 오늘날은 이제 보다 헌정주의적 관점(가치에 근거한 통합 이론)으로 전환되었다고 설명하였다(『노컷뉴스』, 2021. 7. 13).

일각에서 윤석열 대통령의 헌정주의나 자유 등의 가치에 대한 강조가 추상적이라는 비판은 일면의 진실만을 담고 있다. 헌정주의와 법치 강조는 그 의미에 대한 적절한 이해 및 구체적 적용 여부와 별개로 그 자체로만 보면 정치 신인 검찰총장을 놀랍게도 대통령으로 밀어올린 유권자의 민의(mandate)를 반영하는 방향이라 할 수 있다(이춘재, 2023).

사실 그간 대통령제의 예외적 성공 사례로 평가받아 온 미국이나 한국의 대통령제를 법적 지배라는 측면을 부각시킨다면 당면한 긴급한 과제는 '자유주의 헌정주의 민주주의(liberal constitutional democracy)'의 공고화라 할 수 있다(Ginsberg & Hug, 2018). 이 개념은 제대로 민주주의가 작동하는 최소의 요건으로서 자유롭고 공정한 선거와 개인 존엄성의 보호, 법적 지배의 세 가지 축을 강조한다. 하지만 비자유주의자인 미국의 트럼프 대통령은 이 원칙을 심대하게 파괴하였고 바이든과 리버럴 진영은 선거의 핵심 전략을 자유주의 헌정주의 가치를 의미하는 '미국의 영혼(Soul of America)' 복원으로 내걸고 대선에서 승리했다(안병진, 2021).

한국에서는 미국 리버럴 진영의 행보와는 사뭇 다른 궤적이 이루어졌다. 문재인 행정부는 소위 '촛불 혁명' 이후 자의적이지 않은 자유주의 헌정주의 가치의 통합성을 공고히 하거나 이를 진보적으로 심화시킬 것이라는 기대와 달리 소위 '내로남불'로 심각하게 공격받았다(Ahn, 2021). 결국 윤석열 후보의 당선은 부동산 등 민생 이슈와 더불어 중도층 사이에서 이 내로남불 극복과 공정과 상식의 민의가 표현되었다고 볼 수 있다(이춘재, 2023, 14쪽).

하지만 공정의 민의를 가지고 당선된 윤석열 대통령의 헌정주의적 기조가 내적 일관성(integrity)을 가지고 있다고 평가하기는 어렵다. 권위주의적 성향의 포퓰리스트들은 정치의 과정을 갈등적 경쟁이 아니라 적과의 투쟁으로 보는 경향이 있다. 공존이 아니라 제거해야 할 적과의 투쟁은 자유주의적 공존 규칙에 대한 무관심으로 이어진다. 아라토와 코헨은 포퓰리스트들이 차별적 법 적용이나 최종 심급으로서의 법원 구성의 변경, 그리고 헌법 개정 등을 통해 헌정주의 틀을 유리한 균형으로 바꾸려고 시도하곤 한다고 지적한다(Arato & Cohen, 2022, p. 22). 아직 초기인 윤석열 행정부를 아라토와 코헨이 더 이상 민주정이라고 부르기 힘든 포퓰리스트 융합 체제(populist hybrid regime) 단계라고까지 규정할 수는 없지만 '포퓰리즘 헌정주의(populism "in" government)' 경향성을 보인다고는 말할 수 있다. 아래에서는 이 포퓰리스트 헌정주의의 모순적 기조가 어떻게 다양한 징후와 전술로 나타나는지를 살펴보고자 한다.

포퓰리스트 헌정주의의 다양한 전개 양상[31)]

기득권 카르텔과의 적대적 투쟁으로서의 정치

윤석열 후보는 대선 과정에서 문재인 행정부와 달리 빈번한 소통을 통해 국민과 함께하는 대통령이 되겠다고 여러 차례 강력한 의지를 표방한 바 있다. 그리고 그는 국민과

31) 이 포퓰리스트 헌정주의 측면의 섹션은 본인의 컬럼에 주로 기초함. 안병진(2023, 8, 28). 윤석열 대통령은 '포퓰리스트 헌정주의자?', 생활정치연구소 뉴스레터. URL: http://www.lifepolitics.kr/2023/08/28/%EC%9B%94%EC%9A%94%EC%B9%BC%EB%9F%BC-%EC%95%88%EB%B3%91%EC%A7%84-%EC%9C%A4%EC%84%9D%EC%97%B4-%EB%8C%80%ED%86%B5%EB%A0%B9%EC%9D%80-%ED%8F%AC%ED%93%B0%EB%A6%AC%EC%8A%A4%ED%8A%B8-%ED%97%8C/

의 소통만이 아니라 초당적 협력의 정치도 공언하였다. 예를 들어 취임 직후인 5월 16일 국회에서 한 시정 연설에서 다음과 같은 연설을 수행한 바 있다.

> 지금 대한민국에서는 각자 지향하는 정치적 가치는 다르지만, 공동의 위기를 극복하기 위해 기꺼이 손을 잡았던 처칠과 애틀리의 파트너십이 그 어느 때보다 필요합니다.(유길용, 『월간중앙』, 2023. 5)

정치 연합 측면에서도 과거 전통적인 한국의 보수 세력과 달리 이준석 당 대표를 매개로 청년층 일부를 견인하였고, 그간 중도적 성향을 보인 안철수 의원을 정치 연합으로 포괄하여 정치적 기반을 확장하였다. 이는 이후 국정 운영 및 향후 선거에서 정치 연합의 확장을 위한 중요한 교두보 확보라 평가할 수 있다. 인수위 단계에서도 중도적 소구력이 있는 안철수를 위원장으로 임명하고 김한길 전 민주당 의원을 위원장으로 하는 국민통합위원회를 출범시켜 다양한 스펙트럼의 인사들을 영입하고자 노력하였다. 이를 통해 향후 소통과 통합, 즉 정치의 활성화에 대한 기대를 높였다. 이러한 담론과 정치 연합의 행보는 포퓰리즘 특징과는 거리가 멀다.

하지만 취임 1년 반이 지난 지금 윤석열 행정부는 정치적 소통과 공존의 정치라기보다는 포퓰리즘적 분노를 동원하는 모습을 자주 보이고 있다. 예를 들어 자유주의 법치의 가장 중요한 가치인 적법한 절차와 무죄 추정의 원칙을 무시하고 단지 범죄 혐의가 크다는 이유만으로 야당 대표와의 대화를 거부하고 있다. 소수당 집권이며 지역적 기반 취약 등 정치 자본이 빈약한 조건에서도 다수당 대표와의 만남을 거부하는 행위는 사실 역대 행정부와 비교할 때 이례적이다. 유길용 기자는 윤석열 대통령이 350일간이나 야당 지도부와의 회동이 아직 이루어지지 않아 직선제 이후 신기록을 세우고 있다고 지적하기도 했는데, 이는 아직도 현재 진행형이다(유길용, 2023, 27쪽).

이 포퓰리즘 정치는 흔히 아래로부터 대중적 분노를 동원하고 의회를 우회하는 경향이 강하다. 초기에 핵심 통치 양식으로 등장한 도어스태핑이 전형적인 의회 우회의 전술이다. 도어스태핑이 갑자기 종료된 이후에 윤석열 대통령은 우호적 보수 미디어를 동원하여 반 기득권 담론을 강화함과 동시에 의회를 우회하여 거부권과 시행령 정치를 강화해 왔다. 예를 들어 윤석열 대통령은 양곡법 개정 정국에서 앞으로도 거부권을 빈번하게 구사할 것을 분명하게 강조하였다. 심지어 소위 '검수완박(검찰 수사권 완전

박탈)' 조치의 옳고 그름을 떠나서 이에 대한 반격으로서 시행령을 통한 검찰의 지휘권 복원 시도는 의회 입법 무력화라고도 할 수 있다. 이러한 시행령을 통한 입법 취지 무시는 유사한 우파 포퓰리스트인 1980년대 레이건 대통령 시절에도 구사했던 양식이다. 하지만 의회의 견제력이 막강한 미국이기에 당시 레이건은 일정한 타협을 시도했다. 하지만 비록 다수당이라 하더라도 의회의 예산 등에서 견제력이 약한 한국에서 시행령 정치를 정치 과정에서 제어하기는 어렵다. 이는 결국 정치의 사법화(결국 헌법재판소의 해석에 의존)를 촉진하는 요인으로 나타나고 있다.

사실 윤석열 행정부 초기의 도어스태핑 시도 시절만 해도 비록 포퓰리즘과 친화성을 가지는 '대중 호소(going public)' 전략이고 일방형의 형식에도 불구하고 국민과의 소통을 위한 의도라는 점에서 진정성을 평가할 수 있었다. 하지만 이조차도 결국 예고된 잦은 실수 끝에 일부 언론의 예의를 핑계로 중지시킨 바 있다. 비록 도어스태핑 중지는 더 큰 위기를 예방한다는 점에서 전술적으로는 적절한 조치이지만 그 대안적 형식을 만들어 내지 않으면서 정치의 실종을 가속화시켰다. 김민아 기자는 이를 바이든 · 날리면 발언, 학교 폭력 개입 논란을 부른 정순신 국가수사본부장 임명 등 일련의 행위에 일관된 '설명하지 않는 권력'이라는 특징으로 나타난다고 적절히 규정한 바 있다(김민아, 2023. 4. 11). 이 설명되지 않는 권력이라는 특징은 그 이후에도 잼버리 사태, 해병대 전 수사단장 보직 해임 사건 등에서 일관되게 나타나고 있다.

담론 측면에서도 윤석열 대통령의 정치관은 날로 적대적 담론이 강화되고 있는 추세다. 2022년 윤석열 후보는 과거 보수 정치가들과는 사뭇 다르게 당선인 신분으로 제주 4 · 3 추념식을 찾아 자유주의적 통합 메시지를 낸 바 있다. 그는 "무고한 희생자들을 국민과 함께 따듯하게 보듬고 아픔을 나누는 일은 자유와 인권이라는 보편적 가치를 지향하는 자유 민주주의 국가의 당연한 의무"라고 연설하여 높은 평가를 받았다(오연서, 2022. 4. 4). 하지만 그는 대통령 신분이 된 이후에는 4 · 3 추념식에 불참했다. 단지 불참만이 아니라 한국의 대통령 역사상 24년 만에 2023년 6월 28일 자유총연맹이라는 극우 단체의 행사에 참석했다. 더구나 그 연설에서 "반국가 세력들은 (북한의) 유엔 안보리 제재를 풀어 달라고 읍소하고 유엔사를 해체하는 종전 선언을 노래 부르고 다녔습니다"라며 마치 종전 선언을 추진한 문재인 전 행정부 세력을 겨냥하는 듯 표현하기도 하였다. 필자가 권위주의적 규범이 강화되는 추세라고 진단한 분석이 과장이 아님은 원고의 초고를 완성한 이후

2023년 8월 15일 광복절 연설이 근거를 제공해 준다. 이 연설에서 윤석열 대통령은 마치 과거 권위주의 시절 대통령들과 유사하게 "공산 전체주의 세력이 민주주의 · 인권 · 진보주의 운동가로 위장, 허위 선동과 야비하고 패륜적인 공작을 일삼는다"라고 강경 우파적 인식을 드러냈다. 이 극우적 연설과 과거 당선인 시절의 4 · 3에 대한 중도적 연설은 서로 조화를 이루기가 어렵다.

물론 국가 정체성을 부정하는 비자유주의 세력은 표현의 자유 영역이 아니라 수사의 대상이다. 하지만 보수 대통령조차 얼마든지 전술적으로 추진할 수 있는 종전 선언이라는 외교 행위를 반국가 세력으로 연결하는 것은 논리의 비약이자 매우 위험스러운 국가관이 아닐 수 없다. 그리고 공산주의 위장 세력이라는 규정은 과거 권위주의 세력이 즐겨 동원하는 반공 이데올로기를 닮아 있다. 만약 이러한 관점이 국정의 기조라면 이후에도 종전 선언이나 평화 협정 등을 주장하거나 좌파적 시민운동에 동조하는 건 정치적 논쟁과 타협의 대상이 아니라 적과의 적대적 투쟁으로 간주될 수 있기 때문에 위험한 논리가 아닐 수 없다. 이 8 · 15 연설 이후 보수 일각에서조차도 강하게 비판하는 육군사관학교의 홍범도 흉상 이전 조치 등 일련의 극우적 행보들이 일관되게 이어지고 있다(박세열, 2023. 8.

28).『중앙일보』는 29일 여권 관계자의 말을 빌려 윤석열 대통령이 "우리 군의 확고한 대적관에 부정적 영향을 주어서는 안 된다"라고 언급했다고 보도하고 있다(현일훈, 2023. 8. 29).

사실 윤석열 대통령의 적대적 담론은 비단 대북 문제에만 국한되지는 않는다. 포퓰리즘의 대표적 담론은 국민을 대표하는 자신과 대조하여 기득권 집단을 낙인찍는 방식이다. 윤석열 행정부는 기득권 카르텔 담론을 전면화하며 분명한 인과 관계도 제공하지 못한 채로 자신에 비판적인 세력들을 낙인찍고 있다. 예를 들어 종전 선언을 추구하는 대북 온건파는 물론이고 교사, 학원계, 사회 운동 진영, 노동계 전반, LH 등이 모두 기득권 카르텔로 편리하게 규정되고 있다.

물론 이러한 윤석열 대통령의 우파 포퓰리즘 분노를 동원하는 적대적 수사는 정치적으로는 편리한 방식이라고도 평가할 수 있다. 왜냐하면 과거 대통령들과 달리 본인의 단단한 지역적 기반과 당내 세력이 약한 상태에서 적대적 수사는 최소 30% 대에 이르는 강한 보수 진영의 안정적 지지 기반을 보장하기 때문이다.

이 적대적인 소위 갈라치기 전략은 포퓰리즘이나 극우 성향에 불편함을 느끼는 중도층에게 소구하기는 어렵다.

그러하기에 각종 여론 조사에서 윤석열 행정부 평가는 30% 중반을 아직까지 넘지 못한다. 역대의 다른 보수나 진보 행정부들은 이 협소한 기반을 때로는 전면 개각 조치나 공존의 정치 행보로 돌파하려 했다. 하지만 윤석열 행정부는 이례적으로 이러한 행보와 거리를 두고 있다. 이에 대한 하나의 가설은 기존 제왕적 대통령들조차 부러워할 정도로 윤석열 행정부 특유의 다른 정치적 자원을 풍부히 가지고 있기 때문이다. 검찰 출신으로서 효과적 실행이 가능한 '법과 질서' 담론은 그러한 맥락에서 윤석열 행정부의 주요 기둥이자 핵심 어젠다이다. 아래에서는 이를 살펴보고자 한다.

법과 질서 담론[32)]

헌정주의 가치를 잘 드러내며 법적 지배와 사회 안정을 중시하는 이 '법과 질서(law and order)' 담론은 흔히 안정을 추구하는 보수 진영의 전형적인 무기라 할 수 있다. 예를 들어 미국의 1968년은 사회적 혼돈이 극심했던 시기인데 닉슨 공화당 대선 후보는 이 '법과 질서' 담론을 중심으로

---

32) 이 섹션은 주로 본인의 졸고, "법과 질서 vs 민생 포퓰리즘 … 시대흐름 잡기 싸움 치열"(『중앙 선데이』, 2023. 4. 14.에 근거함)

캠페인을 전개하여 민주당 험프리 후보를 쉽게 이겼다(Perlstein, 2009). 이후 미국이 뉴딜 진보주의에서 레이건 보수주의 시대로 1980년대 완전히 이행한 후 보수주의가 가장 중요하게 동원한 담론 중 하나도 이 '법과 질서'에 근거한 '범죄와 처벌(crime and punishment)'의 패러다임이었다. 심지어 1992년 클린턴 행정부는 리버럴 민주당으로의 정권 교체이지만 이 법과 질서 담론이 가지는 강력한 위력에 밀려 사실상 범죄에 대한 강경한 처벌 위주의 보수주의 노선을 유지했다(Wilentz, 2009). 윤석열 행정부는 특수부 검찰 출신의 장점을 살려 이 범죄와 처벌 담론을 역대 어느 행정부보다 전면적으로 활용하면서 총선 전략 및 국정 운용의 가장 중요한 축으로 삼고 있다.

그 구체적 전개 양상을 보면 윤석열 행정부 초기에는 원래 보수의 효과적 무기인 법과 질서 담론에서 그리 성공적이라고 평가하긴 어렵다. 예를 들어 이태원 참사의 발생은 시민의 생명 보장과 안전이라는 국가의 기본 책무를 지키는 데 실패한 사건이라 할 수 있다. 하지만 검찰 통치의 관성은 이 참사를 해결하는 과정에서도 여실히 드러난다. 즉 참사 다음 날 지방자치단체에 피해자가 아닌 사망자로 쓰라는 공문을 보내고 공무원들에게 근조나 추모 글씨가 없는 검은 리본을 달라는 지침을 내린 바 있다. 그리고 참사의 1차 책임자로서 주무 장관인 이상민 행정안전부 장관은 오히려 범정부 국가안전시스템 개편 특별팀의 지휘를 맡기조차 했다(이춘재, 2023, 209~210쪽). 과거 행정부들의 책임자에 대한 신속한 처리를 통한 국면 전환과 달리 대통령과 가까운 측근인 이상민 장관은 그 이후에도 건재하다. 또 다른 측근인 한동훈 법무부 장관은 현장 초동 대응 실패의 원인 제공자(마약 수사)라는 음모론에 휘말려 윤석열 행정부의 법과 질서 수호자 이미지는 당시 여러모로 훼손된 바 있다.

하지만 강남 학원가 마약 음료 사건 및 강남 납치 · 살해 사건 등을 계기로 행정부와 일부 언론 합동의 마약과의 전쟁은 법과 질서 담론의 성공에 효과적으로 기능하기 시작했다. 대통령의 강경한 발언에 이어 역대 최대인 840명 규모의 범정부 특수본부가 결성되었다. 한동훈 법무부 장관은 마약 수사를 전담하는 강력부의 부활까지 지시한 바 있다. 그리고 이례적으로 대다수 방송과 신문은 연일 마약 공포에 대한 특집과 스펙터클한 효과를 가진 이미지들을 내보냈다. 법과 질서 담론의 또 하나의 대상인 노동 개혁 이슈도 화물연대 파업 강경 대응에서의 중산층 여론몰이에 성공한 이후 건설 현장 폭력 행위 수사나 회계 자료 제출 의무화 조치 등으로 주도권을 잡았다. 경찰도 건설 현장 불법 단속기간을 연장하고 특진자를 90명으로 늘리는 등 이슈를 지속적으로 부각하고 있다(전주희, 2023. 8. 14). 사실 그 직전까지 위기에 몰려 있던 윤석열 대통령은 화물연대 파업 강경 진압 이후 다시 30% 중반대의 지지율을 회복한 바 있다.

이후 공공 아파트 철근 누락 사건, 서이초등학교 교사 자살, 무차별 흉기 난동 등 사회적 불안 사건들이 이어질 때마다 이 법과 질서 담론과 이에 입각한 강경한 수사와 처벌 패러다임은 지속적으로 미디어에서 효과를 발휘했다. 최근 행정부의 강력한 처벌 패러다임은 사회적 분위기의 확산으로도 이어지고 있다. 예를 들어 무차별 흉기 사건 이후 살인 예고 지역을 알려주는 앱이 개발되고 경찰은 길을 가던 중학생을 테러리스트로 오인하여 폭력적으로 체포하는 등 사회 전반의 신경 발작적 분위기가 이어지고 있다(전주희, 2023. 8. 14). 이러한 사회적 불안 분위기에서 위에서 언급한 미국 1968년 및 레이건 보수주의 시대와 마찬가지로 리버럴 진영의 구조적 원인에 대한 지적 및 처벌이 아니라 교화 위주의 패러다임 주장은 담론에서 경쟁력을 가지기 어렵다. 그 여론의 유리한 토대를 기반으로 법무부는 기존 민주당 주도의 소위 '검수완박' 법안인 검찰의 경찰 지휘권을 제약하는 고삐를 풀고 시행령으로 더욱 더 검찰 통치의 활동 반경을 넓히고 있다.

이 법과 질서 담론의 강점은 실제 정책적 효과와 무관하게 정치적으로는 효과적 무기라는 점에 있다. 첫째, 잔인한 신종 범죄가 난무하는 불안 사회 속에서 안정과 질서를 바라는 시대 흐름에 부합한다. 2023년 3월 전국지표조사(NBS)에 따르면 진보층의 62%조차 변화보다는 질서를 더 선호하는 것으로 나타난 바 있다(노익상, 2023, 42쪽). 둘째로 이는 검찰 출신인 윤 대통령과 한동훈 법무부 장관이 가장 잘할 수 있는 강점 영역이다. 그리고 단지 법무부와 경찰 조직만이 아니라 정부 주요 지점에 다양하게 포진한 검사 출신들은 이 법과 질서 담론의 체계적 행위자들이라 할 수 있다. 셋째로 이는 선거 전술 측면에서도 안정을 강조하는 전통적 보수층 가치에 소구하면서 총선 1년 전 1단계 목적인 핵심 지지층의 재결속에 유리하다. 넷째로 좋은 전술이란 자신의 강점을 부각시키면서도 자연스럽게 네거티브 공격을 가능하게 하는 대조 효과가 선명해야 한다. 이 법과 질서 담론은 민주당의 이재명 대표와 다수 의원들의 사법 리스크를 지속적으로 재생산한다. 더구나 기존 문재인 행정부를 범죄에 관대한 정부로 공격하고 검찰을 약화시킨 야권의 '검수완박' 프레임을 부각하기에도 유리하다.

하지만 이 '법과 질서' 및 '범죄와 처벌' 담론이 과연 얼마나 미국 1968년 선거만큼의 위력 및 선거 이후에도 향후 지속적으로 담론 효과를 발휘할 지는 아직은 미지수이다. 왜냐하면 법의 자의적이지 않는 집행을 비판하는 회의론도 크기 때문이다. 아래에서는 이를 살펴보고자 한다.

'다른 수단에 의한 정치'에 의한 자의적 법 중심주의 (arbirary legalism)

헌정주의에서 말하는 법치는 법에 의한 통치(rule of law)이다. 이는 법을 활용한 통치(rule by law)와는 큰 차이가 있다. 전자는 모든 공동체 시민의 동등한 적용을 의미하고 후자는 자의적인 법의 적용을 의미한다. 이 자의적 적용은 법치의 일관성을 훼손한다.

윤석열 행정부의 법치가 가진 통합성 정도에 대해서는 긍정적이라고 보기는 어렵다. 사실 영국의 레가툼이라는 싱크탱크의 2023년 번영지수 보고서에 따르면 167개국 중 155위를 기록할 만큼 한국의 사법 체계에 대한 신뢰도는 대우 낮은 상황이다(정병기, 2023. 8. 13). 이러한 낮은 신뢰도와 정치적 양극화 상황을 고려할 때 공정한 법 집행을 하더라도 다수의 굳건한 지지를 받기는 매우 어려운 조건이다. 그럼에도 불구하고 윤석열 행정부는 이 법 집행의 통합성에 대한 고려에 매우 둔감해 보인다. 우선 대통령실이 대통령 가족 등에 대한 감찰 기능을 가지는 감찰부를 아직도 임명하지 않고 있다는 점부터가 불편부당한 법 적용에 대한 의구심을 자아낸다. 이 점은 기존 문재인 행정부도 시민단체로부터 강하게 비판받았던 사실이기도 하다. 반대로 미국의 자유주의 가치와 통합성을 중시하는 바이든 행정부는 특검을 임명하여 바이든 현 대통령의 자택을 압수 수색하고 아들의 비위 협의를 수사한다. 왜냐하면 아직까지는 미국 내에서 법의 일관성에 대한 신념이 정치권과 사법부에서 힘을 발휘하고 있기 때문이다.

반면에 윤석열 행정부는 대통령실 자체에 대한 견제 기능 부재에서 더 나아가 자의적인 법 집행의 관행을 빈번하게 보이고 있다. 기존 문재인 행정부나 현 야당에 대한 수사와 공격에서는 행정부의 많은 자원들이 동원되고 있다. 예를 들어 감사원은 법의 통합성을 지켜야 할 기관인데 감사원의 전 정부에 대한 감사는 역대 어느 정부보다 전면적이기에 자의성을 의심하게 한다. 우선 감사원 내 최고 의결 기구인 감사위원회를 우회하여 특별 조사국이 전 정부 인사들을 대상으로 감사를 실시한다는 점은 신중하지도 못하고 적법한 절차의 정신도 위배했다고 볼 수 있다. 그리고 그 대상은 감사 후 수사 요청 고발 대상으로 서훈 전

청와대 국가안보실장 등 5인, 감사 진행 중 사례로 김상조 전 청와대 정책실장 외 8인 등 전례가 없는 규모이다.

만약 이러한 감사원의 감사나 대통령실의 감찰 기능이 여야를 가리지 않는다면 그리 비판할 대상이 되지 못한다. 하지만 앞에서 지적하였듯이 감찰 기능은 무력화되어 있고 감사원은 주로 전 정부를 겨냥하고 있다. 그리고 오성 참사 및 이태원 참사에 최소한 정치적 책임이 있는 이상민 행정안전부 장관에 대해서는 역대 어느 정부의 위기관리와 달리 이례적으로 철저히 보호하고 있다. 그리고 잼버리 파행 사태도 공정하게 여야 감사가 아니라 원래 폐지 공약 대상인 여가부에 대한 부정적 여론 조성 및 민주당 지사의 전라북도에 대한 집중 공격을 통해 그 정치적 의도를 의심케 하고 있다.

나아가 과거 국가정보원 댓글 공작 사건으로 수형 중인 원세훈 전 국정원장이 형기의 절반만 채운 상태에서 가석방 대상으로 확정되었다. 이미 그는 윤석열 행정부가 들어서고 나서 남은 형기 7년의 절반을 감형받는 특혜를 누린 바 있는데 또 다시 이중 특혜를 받은 것이라 할 수 있다. 물론 정치적 사면권은 대통령의 고유 권한이지만 국정원장으로서 대선에 불법적으로 관여한 국기 문란 행위자에게 이러한 일련의 특혜들을 부여하는 건 법적 일관성에 대한 존중의 문화를 극도로 훼손한다.

이러한 자의적 법 집행은 정부의 공무원 및 산하 기관들의 독립된 직무 정신을 훼손하거나 잘못된 신호를 줄 수 있다. 우연인지는 모르지만 대검찰청은 고발 사주 의혹으로 재판을 받고 있는 손준성 서울고검 송무부장에 대해서 3년이나 걸린 감찰 끝에 비위 혐의가 없다는 결론을 최근 내렸다. 손 송무부장은 검찰 시절 윤석열 검찰총장의 최측근으로 분류되는 인물이다. 그는 2020년 총선을 앞두고 윤석열 당시 검찰총장에 비판적인 이에 대한 고발을 당시 미래통합당에 사주한 중대 혐의로 공수처에 의해 기소된 바 있다(이춘재, 2023. 4. 26).

적대적 정치관과 법에 대한 자의적 관념이 결합되면 이는 다른 수단에 의한 정치 양식으로 필연적으로 나타난다. 수사와 기소 등에 대한 강력한 자원과 강점을 가진 검찰 통치의 측면에서 당연하게도 가장 중요한 통치 방식은 '다른 수단에 의한 정치(politics by other means)'이다. 원래 이 개념은 미국에서 정치 진영 간 적대성이 심화되어 선거라는 정상적 정치 과정에 가기 전에 상대를 미디어 폭로전, 의회 조사 및 사법적 과정으로 패배시키는 경향이 증대하는 것을 가리킨다(Ginsberg & Shefter, 2002). 이 개념은 미국만이 아니라 한국에서도 정치의 사법화 현상 등을 설명하는 데 유용한 개념 도구로서 활용되어 왔다. 더구나 비록 혐의가 중대하다 하더라도 상대를 재판은 물론이고 기소 이전에 이미 범죄자로 단정하는 현 검찰 통치의 관점에서 볼 때 다른 수단에 의한 정치는 더욱 절대적인 전략으로 승격될 수밖에 없다.

사실 윤석열 행정부의 다른 수단에 의한 정치는 역대 어느 행정부 보다 극단적이고 용이한 자원을 보유하고 있다. 일단 법무부 장관 자체가 윤석열 대통령의 오랜 측근이자 유명한 수사통이다. 그리고 검찰은 오늘날 가장 막강한 민간인에 대한 정보가 축적되어 있는 기관이다. 거기에다가 역대 어느 행정부와 달리 전례 없이 공직자 인사 추천권을 독점하고 있다. 이러한 전무후무한 조건은 검찰의 수사와 기소를 활용한 정치적 반대파 공격의 의혹으로부터 자유롭기 어렵다. 애초에 매우 초당적인 인사의 법무부 장관 임명과 그것도 모자라서 초당적 평판을 가진 특검 임명으로 다른 수단에 의한 정치 의혹 자체로부터 철저한 방어막을 가진 바이든 행정부와는 매우 대조적 행보라 할 수 있다. 사실 예를 들어 이춘재 기자의 지적에 따르면 과거 행정부 시절과 달리 여야에 대한 수사에서 기계적 균형도 거의 고려하지 않고 있다는 점은 이 의혹을 강화한다(이춘재, 2023, 210쪽).

긴즈버그와 새프터Ginsberg & Shefter, 2002는 이러한 다른 수단에 의한 정치는 자신의 유권자 지지 기반을 확대하는 데 관심을 두기보다는 상대를 범죄자로 낙인찍는 데 더 심혈을 기울인다고 지적하는데, 이는 오늘날 윤석열 검찰 통치 양식을 설명하는 데에도 유익하다. 윤석열 행정부는 지금까지 역대 어느 행정부보다 유권자 기반 확대에 무관심하다. 애초에 인수위 구성에서도 주목할 점은 안철수 위원장이 아니라 윤재순 부천지청 사무국장 등 6인의 인수위 파견 검사들이라 할 수 있다. 당시 인수위 내부에서 이례적이라는 반응이 나왔던 검찰 수사관들의 당선인 비서실 파견은 주목할 만한 배치였다(곽은산, 2022. 3. 17). 지금 시점에서 생각해보면 이는 이후 윤석열 행정부의 통치 양식을 미리 보여 주는 예고탄이었다고 할 수 있다. 이후 윤석열 행정부의 주요한 통치 양식에서 정치 연합 확대 시도나 중도층 소구는 거의 보이지 않았다. 대신에 행정부의 주요 담론은 '카르텔과의 전쟁'을 통한 기존 구여권과 우호 세력에 대한 공격이며 법무부 장관은 전면에 나서서 수사의 정당성을 부각시켜 왔다. 지금처럼 행정부 및 법무부 장관, 검찰 조직이 일체화되어 있는 이례적 조건에서 이재명 대표와 부인에 대한 전방위적 수사, 김남국 코인 사건, 민주당 전당 대회 돈 봉투 사건 등이 정국의 고비나 행정부의 지지율 위기 때마다 우연하게도 가장 중요한 이슈로 부각된다는 건 다른 수단에 의한 정치의 혐의를 강화한다.

미디어에 등장하는 대다수의 평론가들은 중도층에 대한 소구를 주문하지만 윤석열 행정부는 요지부동이다. 그 이유에 대해서는 윤석열 대통령의 카르텔과의 전쟁에 대한 이념적 확신 등 여러 가지 가설들이 제기된다. 사실 선거 전략의 차원에서도 윤석열 행정부는 굳이 의회 다수파와의 타협이나 정치 연합 확대라는 정치적 행위를 하지 않고도 사법적 무기 동원을 통해 정계 개편의 동력을 얻고 총선 이후 견고한 헤게모니를 구축할 수 있다고 판단하는 것처럼 보인다. 사실 갤럽이나 NBS 등 각종 여론 조사에서 윤석열 대통령의 30% 중반대의 낮은 지지율과 높은 정권 심판론에도 불구하고 윤석열 행정부의 중도층 소구 노력은 여전히 잘 보이지 않는다. 이제 '다른 수단에 의한 정치'는 최소한 총선까지는 '다른 수단에 의한 정치의 종언'이라고 부르는 게 더 정확할지도 모르겠다.

결단주의

포퓰리스트 헌정주의 경향의 가장 위험한 징후는 대통령의 고독한 결단주의다. 앞에서 이 글은 윤석열 검찰총장이 적절하게 가지는 슈미트의 비자유주의적 결단주의에 대한 강한 비판의식을 지적한 바 있다. 그런데 정작 통치 양식에서 중요하게 지적할 점은 윤석열 검찰총장이 스스로 비판해 온 칼 슈미트적인 결단주의와의 친화성이라 할 수 있다. 이는 흔히 언론이 국내와 국제를 기계적으로 분리해서 조명하는 것과 달리 윤 대통령의 국내외적 사고 체계를 포괄하는 통합적 지향성이라고도 할 수 있다.

이 결단주의는 헌정주의 및 민주주의와 상극이다. 여기서 필자가 이해하는 민주주의는 단지 선거 절차의 공정성만을 의미하는 최소의 규정보다 더 풍부한 함의를 가진다. 무페(Mouffe, 2005/2007)의 관점을 활용하자면, 선거에서 확인된 민의를 존중하고 다수와 소수 등 다양한 세력들이 부단히 논쟁하고 타협하며 갈등을 해결해 나가는 '쟁투적 민주주의(agonistic democracy)'를 의미한다. 하지만 윤석열 대통령은 이 갈등적 합의 과정보다는 역사적 소명에 따른 자신의 카리스마적 결단을 강조한다.

우선 윤석열 대통령은 자신 임기 중의 역사적 과제로서 교육, 연금, 노동 개혁을 강조해 왔다. 이 세 가지 어젠다의 개혁 필요성은 초당적으로 공감대를 얻는 이슈라는 점에서 대통령다운 적절한 어젠다라 할 수 있다. 하지만 지금까지 이 과제에 대한 접근은 자신의 역사적 결단을 강조하는 레토릭을 넘어 의회 내에서 초당적 기반을 형성하려는 치열한 노력을 전혀 보이지 않는다.

국제적 무대에서 이 결단주의는 더 두드러진다. 물론 과거 문재인 행정부 시절과 달리 자유주의 국제 질서가 외부적으로는 중국 등 비자유주의 국가들에 의해 실존적으로 위협받고 내부적으로는 미국의 신보호주의 이해관계로 위협받는 뉴노멀 속에서 법과 규범 질서의 강조는 그 자체로서는 자유주의 중견 국가의 새로운 역할과 위치를 점하는 점에 있어 적절한 가치라 할 수 있다. 오늘날 '신냉전'과 협력이 모순적으로 공존하는 현실에서 두 가지 극단적으로 다른 체제(자유주의와 비자유주의) 사이에서 더 이상 과거 안미경중(안보는 미국, 경제는 중국)의 패러다임을 그대로 적용하기는 어렵기 때문이다.

이 새로운 국제 현실에 대한 위기감을 반영하여 윤석열 대통령은 부단히 역사적 결단을 강조하고 있다. 한일 정상회담에서의 선제적 양보는 그 단적인 예로서 이를 문재인 행정부와 다른 본인의 성취로 평가하고 있다. 당시 일부 언론에서는 일본과의 사전 타협이 합의된 속에서의 결단이 아닌가 예상했지만 지금까지 언론 등에 드러난 사실만 보면 일본 언론들이 경탄할 정도로 전적으로 윤석열 대통령의 선제적 결단으로 보인다. 이는 워싱턴 포스트와의 4월 20일 자 인터뷰 등 모든 국제관계에서 일관되게 나타나는 경향이다. 심지어 과거 대통령들과 달리 최근 8 · 15 광복절 연설이라는 정치적으로 민감한 자리에서 "일본과 파트너"를 강조하여 보수주의자인 유승민 전 의원은 이를 두고 "광복절 연설이 맞는지"라며 당혹스러워하기도 했다. 그래서인지 현재 일본 정치권 내에서 윤석열 대통령에 대한 신뢰는 과거 대통령들과 비교해서 이례적으로 높은 것으로 알려진다.

하지만 외교에서 초당적 기반 조성 노력, 의회에 외교 과정을 설명하고 협력을 구하는 노력 등에 무관심한 것은 윤석열 대통령이 틈만 나면 강조하는 자유 민주주의의 정치 과정과 어울리지 않는다. 이는 오히려 조지 부시 시절 백악관이 강경 보수 혹은 네오콘(신보수주의) 이론과 친화성을 가지는 반(反) 헌정주의적인 '일원적 행정부론(unitary executive branch theory)과도 유사하다.

검사 + 관료 + 강경 우파 통치 체제

위에서 말한 포퓰리스트 헌정주의 통치 양식을 위한 핵심 주체로 주목할 만한 집단은 대통령실 및 각 부서에 포진한 검찰 출신들이다. 이관후 건국대 교수는 이를 검사 + 관료 체제로서 "검사가 부정을 감시하고 행정을 전문가인 관료가 하는 통치 방식"이라 예리하게 정의하였다(이관후,

2023). 사실 올해 3월 시점에서 『한겨레 21』 특집 기획은 윤석열 행정부에 검사나 검찰 수사관 등 전 현직 검찰 공무원이 약 136명이나 들어가 활동하고 있는 것으로 보도하였다(김규원, 2023. 3. 21). 더 주목할 것은 주요하게 임명한 위치들이다. 즉, 대통령실 · 국가정보원 · 금융감독원 · 법무부 등 핵심 부서들의 길목에 검사들이 배치되어 관료들을 통제하고 있다. 예를 들어 대통령실 핵심 라인은 물론이고 이복현 검사가 원장으로 있는 금융감독원, 금융위원회, 예금보험공사, 한국거래소, 공정거래위원회, 국민연금, 국가정보원, 법제처, 국민권익위원회, 국가인권위원회, 민주평화통일자문회의, 교육부 등 여러 핵심 영역에 전방위로 포진하고 있다(오창민, 2023. 4. 6). 서보학 교수가 잘 지적하듯이 예를 들어 금융위의 금융정보분석원은 민간인 금융 거래를 파악하고 수사 단서를 파악하기 용이하다. 또한 김태일 참여연대 사법감시센터 팀장이 지적하듯이 국정원에 5인이나 검사가 파견되어 있는데 이는 막대한 정보력을 가진 검찰과 국정원의 결합이지만 사실상 그 어떠한 효과적 감시와 견제의 기구도 부재하다는 점에서 우려된다(김규원, 2023. 3. 21).

이러한 각 주요 길목은 물론이고 심지어 민정 기능을 법무부에 집중시켰으며 경찰조차 검사 출신을 파견하려고 하는 등 한국 정치에 처음 나타난 전례 없는 검찰 통치 거버넌스라 할 수 있다. 이들은 대통령이 던지는 기득권 카르텔 규정에 발맞추어 물가와 금융 시장 안정에서부터 재벌 관리와 노사 문제 해결에 이르기까지 조사와 군기잡기, 그리고 처벌 패러다임을 전면화하고 있다. 박복영 경희대 교수는 이를 정책 해결적 접근이 아니라 문제를 조사하고 처벌하는 권력 기관에 의한 권위주의적 경제 관리라고 규정하였다(박복영, 2023. 3. 21). 이는 비단 경제 영역만이 아니라 윤석열 행정부 전반을 관통하는 권위주의적 통치 양식이다. 최근 잼버리 파행에서 윤석열 대통령의 지시 이후 과거 권위주의 시절에나 볼 수 있었던 국가주의적 자원 동원은 이를 생생히 보여 준다. 이미 이관후 교수는 이러한 검사 + 관료 체제는 장관들의 능동적 정책 주도와 책임 행정이 약화되고 관료 전반이 행정에 소극적인 현상으로 나타날 수밖에 없다고 예고한 바 있다(이관후, 2023, 1쪽). 이후 국정 조사 등에서 더 밝혀져야 하겠지만 잼버리 파행 과정에서 보인 이해하기 힘든 집행력의 마비와 관료 사회의 능동적 대처 결여는 충분히 그 혐의를 준다.

다만 이관후 교수의 검사 + 관료 체제에 한 가지 측면을 추가한다면 극우 인사들이 이 통치 체제의 작동에 주요한 역할을 수행한다는 점이다. 가장 주목할 분야는 미디어 통제 영역이다. 방송통신위원회 위원장 후보로 이동관 전 홍보수석을 내정하고 방송문화진흥회 이사에 극우 성향인 차기환 변호사를 임명하는 것 등이 대표적이다. 심지어 진실·화해를위한과거사정리위원회 위원장으로 극우 발언 논란을 벌인 김광동 상임위원을 임명하기까지 했다. 외교·안보에서도 이러한 기조는 이어진다. 단지 검사 + 관료 체제가 아니라 이명박 행정부 시절 미국 네오콘과 유사한 극우 안보관을 가진 김태효 국가안보실 제1차장의 주도 체제로 작동해 왔다. 이후 조태용 안보실장이라는 오랜 외교 관료로서의 경륜을 가진 인사가 참여했지만 아직까지 윤석열 행정부의 외교·안보 노선에서 큰 전환은 보이지 않는다.

이 검사 + 관료 + 극우 체제의 부작용을 제어하기 위해서는 대통령실 내부에 다양한 의견을 개진하고 대통령의 의사 결정의 질을 높일 수 있는 인사와 기제가 필요하다. 하지만 검찰 출신 대통령과 주변 핵심 검사들의 기질상 치열한 반론의 의사 결정 과정이 보장되기 힘들다. 특히 대통령제 운용에서는 비서실장의 역할이 매우 중요하다(Whipple, 2017). 하지만 지금 윤석열 행정부에서는 대통령 견제보다는 실무형 비서실장 유형에 가깝다. 한덕수 총리도 오랜 관료 연륜을 가지지만 견제형이라고 보기 어렵다. 대통령제 역사상 가장 성공적인 비서실장이었던 제임스 베이커는 아웃사이더 출신 레이건과 그의 핵심 캘리포니아 사단 및 실세 퍼스트 레이디였던 낸시 레이건을 탁월하게 견제하고 관리한 바 있다. 이는 비록 선거에서 그를 지지하지 않았지만 과감히 임명하여 신뢰와 힘을 부여한 레이건 대통령의 리더십과 베이커의 탁월한 경륜이 상호 조화를 이루었기에 가능했다. 하지만 지금 윤석열 행정부는 검찰 통치의 부작용을 제어할 그 어떠한 내부 견제 장치가 결여되어 있어 향후 행보가 매우 우려된다.

결론: 포퓰리스트 헌정주의의 미래

지금까지 필자는 윤석열 행정부의 검찰 통치 정치 질서의 특징들을 살펴보았다. 이를 통해 필자는 단지 검찰총장 출신이거나 혹은 행정부에 검사 출신들이 대거 참여했기 때문만이 아니라 통치 양식 자체가 전반적으로 검찰 통치라는 개념으로 포착해야 한다고 주장한다. 그리고 이 검찰 통치는 얼핏 보면 서로 어울리지 않는 것처럼 보이는 포퓰리즘과 헌정주의의 결합과 자의적 통치, 그리고 권위주의 행태로 나타난다고 지적하였다.

물론 그간 한국 정치는 대개 선거에서 확인된 민의(mandate)를 무시하고 자신이 가진 정치 자본(political capital)에 기초하지 않은 자의적 국정 운영과 제왕적 대통령제에 기울어지는 경향이 두드러지게 존재해 왔다. 다만 필자는 기존 제왕적 대통령제론으로 포착하기 힘든 윤석열 행정부의 검찰 통치의 독특성을 이 글에서는 부각하고자 했다.

다가오는 2024년 총선 이후는 더욱 우려스럽다. 만약 집권당이 쉽게 승리한다면 윤석열 행정부는 더 큰 자신감에 기반하여 더욱더 강력하게 포퓰리스트 헌정주의 특유의 권위주의와 결단주의 기조를 강화할 가능성이 높다. 왜냐하면 그간 의회에서의 소수파 지위로 인해 누적된 좌절감을 가지고 있기 때문에 행정부에 이은 입법부 다수당 및 사법부에 대한 영향력 강화 추세는 더 강력한 집행력과 성취에의 유혹을 가지게 된다. 그런데 윤석열 대통령이 그간 자유주의 헌정주의 가치 규범과 관행에 대한 견고한 이해와 실행을 보여 주지 못했던 측면에서 보면 자유주의 절제와 신중함보다는 더욱 권위주의 규범과 실행으로 점차 기울어질 가능성을 높인다.

이러한 위험성은 정치가 상대가 있는 상호작용의 게임이라고 할 때 현재 반대당에게도 발견되는 비자유주의적 경향성과 무능으로 인해 더욱 우려스럽다. 한국 정치는 지난 문재인 행정부 시절 자유주의 헌정주의 민주주의를 공고화하고 이를 보다 진보적으로 성숙시켜 나가는 역사적 과제를 실현하지 못하면서 오늘날 우파 포퓰리즘의 반격 및 정치적 양극화된 진영 경쟁으로 귀결되었다(Ahn, 2022). 이를 반성적으로 성찰하고 새로운 자유주의 헌정주의의 기준과 다양한 이념적 스펙트럼을 제시해야 할 민주당(및 정의당)은 민주당 정치인의 부패 혐의와 위성 정당, 조국 사태 등에서 보인 일관성의 훼손 및 위선(소위 내로남불)으로 오히려 윤석열 행정부의 반(反) 기득권론 포퓰리즘과 검찰 통치에 명분을 제공해 왔다. 하지만 아직까지 민주당 지지층 중에는 재판을 통해 이미 규범적 · 법적으로 일관성의 결여가 드러난 조국 전 교수에 대한 지지세가 강하게 존재한다. 그리고 정의당은 보다 자유주의적 기조(예를 들어 다원주의에 입각한 차별 금지법 등)를 담은 새로운 가치를 추구하는 밀레니얼 세대들의 주도권을 인정하지 못하고 과거의 정파 연합을 답습하고 있다.

향후에 한국의 보수와 진보 정치 세력들이 대한민국 헌법에 근거한 자유주의 헌정주의 민주주의의 견고한 좌 · 우 세력으로 질적으로 단기간에 거듭날 수 있을지 필자는 회의적이다. 왜냐하면 서구의 긴 역사와 달리 압축 성장 과정에서 중장기적으로 굳건한 자유주의와 공화주의 가치를 내재화해 오지 못했기 때문이다. 결국에는 중장기적으로 이 미완의 과제를 조금씩 진화시켜 갈 정치와 시민 사회의 토대를 단단히 만들어 나가는 수밖에 없다. 뉴딜 진보주의 시대 등 미국 정치 역사적 과정을 보면서 자레츠키가 통찰했듯이 정치의 활력을 복원하는 길은 민주당과 좌파의 활력 있는 상호작용이 가능한 '역동적 중심(vital center)'을 만들어 내는가의 여부에 좌우된다(Zaretsky, 2012).

이 글이 포퓰리즘 헌정주의의 대안을 규명하는 목적을 가지고 있지 않기에 여기서 자세하게 역동적 중심의 내용을 서술하기란 어렵다. 다만 필자는 이를 헌법의 민주공화국 정신에 충실한 포괄적 비전과 그 속에서 차이들이 공존할 수 있는 플랫폼이 되어야 한다고 주장한다. 그리고 이를 미래 가치에 더 민감한 밀레니얼과 그 이후 세대가 주도하면서 다양한 다른 세대가 공존해야 한다고 생각한다. 거기에 담길 내용은 자유주의(혹은 더 넓게 표현하면 공화주의) 헌정주의 최소 기준선에 충실하면서도 아래로부터의 시민들의 다원적 참여와 '갈등적 합의'및 공동체 구성원으로서의 동등성을 포퓰리즘과 다른 방식으로 얼마나 활성화할 수 있는가의 고민이 담겨야 한다(Arato & Cohen, 2022, p. 188).

사실 그간 한국 정치는 자유주의 헌정주의가 가지는 적법한 절차와 개인의 존엄, 그리고 헌법에 대한 다원 세력들의 부단한 해석 투쟁 등에 정파를 떠나 관심이 적었다. 반면에 과정보다는 결과적으로 상대를 절멸해야 할 적으로 보거나 자신의 오류 가능성을 부단히 성찰하는 노력이 부족하다는 점에서 좌우 모두 국내외적 규범과 실천에서 포퓰리즘이나 권위주의로 기울어질 틈새가 많이 존재한다. 부단히 현대 대의제 민주주의에서 구조적으로 출현할 수밖에 없는 좌우의 포퓰리즘 권위주의를 극복하려면 결국 폭넓으면서도 대안적 가치와 이에 근거한 제도와 문화가 단단하게 형성되어야 한다. 과연 어느 세력이 새로이 존재감을 가지고 한국 정치의 새로운 활력을 만들어 낼 의지, 가치 및 어젠다를 만들어 낼 수 있을지가 향후 윤석열 행정부의 추이 및 나아가 포스트 윤석열 시대의 한국 정치의 방향을 규정할 것으로 보인다.

덧붙이는 글

놀랍게도 윤석열 행정부는 검찰 통치의 전면화라는 독특한 비교정치의 사례를 남긴 데 이어 비상계엄의 정치를 시도하다가 결국 파산해 버렸다. 전자가 희귀한 사례라면 후자는 오늘날 트럼프 행정부 등 빈번하게 목도하는 국제적 흐름이라고도 할 수 있다. 결국 이로부터 다양한 의문들이 꼬리를 문다.

도대체 검찰 통치가 비상계엄으로 비약하게 된 핵심 원인은 무엇인가? 이를 설명하기 위해서는 정치학, 사회학, 심리학의 흐름 중 어떤 이론적 접근이 가장 적실성이 높은가? 왜 오늘날 민주주의가 공고화되었다고 평가된 국가에서도 자의적 행정부 통치 정도를 넘어 비상계엄의 정치는 등장하는가? 과거 권위주의나 혹은 파시즘 역사와 무엇이 다른가? 이를 어떤 개념으로 포착이 가능한가? 권위주의적 포퓰리즘이나 전체주의, 혹은 네오파시즘이라는 개념으로 설명이 가능한가? 특히 20대 일부 남성을 중심으로 한 새로운 보수주의 흐름을 어떤 개념으로 포착이 가능한가? 이는 기존 보수주의나 파시즘 운동과는 무엇이 같고 무엇이 다른가? 이 새로운 흐름들은 기존 자유주의나 민주주의 사상적 흐름으로 이해하고 이를 극복하는 대안을 만들어 갈 수 있는가?

필자가 윤석열 초기에 검찰 통치 양식이라는 개념을 제기하였을 때보다 지금의 현실은 더 의문들과 질문들로 뒤엉켜 있다. 세계적 석학인 앤드류 아라토의 포퓰리즘이나 로버트 팩스턴의 파시즘 등 그 어떤 전통적 권위의 이론적 흐름도 오늘날 우리가 처한 곤혹스러운 현실에 사상적 등대를 제공해 주지는 못하는 것 같다.

공화주의의 전통적 흐름들은 이 새로운 질문과 도전 과제들에 대해 어떤 영감과 문제의식을 줄 수 있는가? 새 자유주의나 민주주의, 특히 이 책이 관심을 가지고 있는 신공화주의는 그렇다면 어떻게 진화되어야 하는가? 이는 사법개혁, 혐오와 차별 극복, 선거법과 개헌 등에서 창의적 정책적 해법들로 이어질 수 있는가? 앞으로 공화주의 실천적 사상의 흐름을 만들어 가고자 하는 이들에게 수많은 벅찬 과제들이 앞에 기다리고 있다. 앞으로 과거 80년대 사회구성체 논쟁 이상으로 국내외 지성계가 함께 공화주의의 실천적 이론 논쟁들을 펼쳐 나가길 희망한다.

참고문헌

곽은산(2023, 3, 17). 윤, 검찰총장 시절 비서진 인수위 기용… 파견 수사관 4명 비서실 배치. 『세계일보』.

김귄아(2023, 4, 11). 설명하지 않는 윤석열 정권, 미국 도청도 뭉갤 텐가. 『경향신문』.

김유경(2023, 4, 20). 폴리 4월 좌담회(1). 『폴리뉴스』. URL: http://www.polinews.co.kr/news/articleView.html?idxno=607898

노익상(2023). 22대 총선 승리로 이끄는 팁. 『월간중앙』, 9월 호.

노컷뉴스(2021, 7. 13). 진중권, 윤석열 직접 만났다, 당장은 국힘 안 간다. 〈CBS 한판승부〉 라디오 방송.

박복영(2023, 3, 2). 권위주의적 경제관리의 길에 들어선 윤 정부. 『한겨레』.

박세열(2023, 8, 28). 홍범도=공산당, 전강훈 · 김문수 등 극우인사들이 2년 전부터 주장. 『프레시안』.

안병진(2020). 미국 뉴딜 정신으로 보는 기본소득의 세 가지 방향. 『기본소득 시대』. 아르테.

안병진(2021). 『미국은 그 미국이 아니다: 미국을 놓고 싸우는 세 정치세력들』, 메디치 출판사.

안병진(2023). 위기에 직면한 한국정치: 검찰 통치의 등장과 정치의 실종. , 생활정치연구소와 민주주의 복지국가연구회 공동 주최 "위기의 민주공화국: 윤석열 정부 1년 평가와 전망 토론회", 4월 7일.

안병진(2023, 4, 24). 법과 질서 vs 민생 포퓰리즘 … 시대 흐름 잡기 싸움 치열, 『중앙선데이』.

안병진(2023, 7, 13). 윤 대통령 바꿀 동력은 치명적 선거 패배, 가능할까?. 『소셜 코리아』.

안병진(2023, 8, 28). 윤석열 대통령은 '포퓰리스트 헌정주의자?'. 생활정치연구소 뉴스레터.

정병기(2023, 8, 14). 카르텔이 카르텔 구조 깰 수 있을까?, 『한겨레』.

양지호(2023, 4, 12). 여야 '1000원 아침밥 확대 경쟁' … 이대로면 대학도 무상급식 할 판. 『조선일보』.

오창민(2023, 4, 6). 검찰주의자들의 '멋진 신세계'. 『경향신문』.

유길용(2023). 윤석열 정부 1년 민심. 『월간중앙』, 5월호.

이관후(2023). 2023년 한국 정치 Issue Check. 서강정치연구회 4월 7일 발표문.

이국운(2019). 『헌정주의와 타자』. 박영사.

이춘재(2023). 『검찰국가의 탄생』. 서해문집

현일훈(2023, 8, 29). 윤 "홍범도 항일 공로 인정, 육사보다 독립기념관서 기려야". 『중앙일보』.

Arato, A., & Cohen, J. L.(2022). *Populism and civil society: The challenge to constitutional democracy*. Oxford: Oxford University Press.

Barber, D. J.(1992). *The presidential character: Predicting performance in the White House*. London: Routlege.

Berman, G.(2015). *Good courts: The case for problem-solving justice*. New York: Quid Pro Publisher.

Ahn, B.(2022). Why is Korean democracy majoritarian but Not liberal?. *South Korea's Democracy in Crisis*, California: Walter H. Shorenstein Asia-Pacific Research Center.

Ginsberg, B., & Hug, A. Z.(2018). *How to save a constitutional democracy*. London: The University of Chicago Press.

Ginsberg, B., & Shefter, M.(2002). *Politics by other means: Politics, prosecutors, and the press from Watergate to Whitewater*, New York: W. W. Norton and Company.

Mouffe, C.(2005). *The return of the political*. 이보경(역)(2007). 『정치적인 것의 귀환』. 후마니타스.

Mouffe, C.(2005). On the political. London: Routledge.

Mouffe, C.(2019). For a left populism. New York: Verso.

Perstein, N.(2009). *Nixonland: The rise of a president and the fracturing of America*. New York: Scribner.

Plotke, D.(1996). *Building A democratic political order: Reshaping American liberalism in the 1930s and 1940s*. Cambridge: Cambridge University Press.

Whipple, C.(2018). *The gatekeepers: How the White House chiefs of staff define every presidency*. New York: Crown Publisher.

Wilentz, S.(2009), *The age of reagun: A history 1974-2008*. New York: Harper Perennial

Zaretsky, E.(2012). *Why America needs a left: A historical argument*. Cambridge: Polity.

05

'중도적 공화주의' 비판에 대한 반론

채진원 경희대학교

공화주의의 여러 갈래

본 글에서는 극단적인 좌우 진영 대결에 따른 정치 양극화의 모순을 해결하기 위한 대안적 패러다임의 하나로서 바람직한 공화주의 노선을 정립하기 위한 토론 사항을 다루면서 공화주의자들 내에 존재하는 여러 의견과 사상적 차이를 논쟁적으로 다룬다.

본 글의 목적은 공화주의와 관련한 채진원의 견해를 비판적으로 보고 있는 정상호의 '의견(opinion)'에 대해 반론하는 것과 함께 생각이 조금씩 다른 여러 공화주의자들이 동료 시민으로서 함께 연대하고 발전하기 위해 공감하고 고민해야 할 과제에 대해 제언하는 데 있다. 특히, 반론과 연구 과제에 대해서는 최근 나온 필자의 신간 [『조국사태로 본 586 정치인의 세계관: 유교적 습속과 행태』(푸른길),

이하 채진원(2025)으로 축약]을 인용하고자 한다.

정상호는 2024년 2월에 나온 『동향과 전망』 120호(166~199쪽)에 "한국의 보수 · 중도의 새로운 정치 이념으로서 공화주의의 가능성과 한계"라는 옥고를 게재했다. 이 옥고가 주장하고 있는 목적은 분명하다. 정상호는 "공화주의를 빌려 우리 사회의 방향을 제시하려는 보수와 중도의 이론적 경향이 나타나게 된 배경과 의미를 '자유공화주의'와 '21세기 공화주의 클럽'의 사례를 중심으로 설명하고자"하는 데 목적이 있다고 밝히고 있다.

물론 옥고에서 정상호가 주장하고 있는 견해와 의견에 대해 일부 공감하는 바도 있지만 전적으로 일치하지는 않는다. 특히, 정상호 자신이 추구하는 대로 '진보적인 공화주의'의 옳음을 강조하기 위해 다른 견해를 '보수적인 공화주의'로, 채진원의 공화주의 노선을 '우편향적인 공화주의'로 프레임해 비판하는 것은 오해로 보인다.

정상호의 옥고에서 다뤄지는 비판적 내용이 전적으로 채진원의 견해만이 아니라 채진원과 생각이 똑같지는 않지만 대체로 공감대가 큰 '21세기 공화주의 클럽' 그리고 채진원의 생각과 공감대가 크지 않은 '자유 공화주의'도 함께 다뤄지고 있기 때문에 모든 것에 대해 반론하기는 사실상 쉽지 않다. 이런 사정으로 채진원 비판과 관련된 부분

에만 집중적으로 반론할 수밖에 없다는 점은 한계로 인정해야 한다.

정상호는 '21세기 공화주의 클럽'에 소속해 활동하고 있는 채진원의 입장과 견해에 대해 '처방적 공화주의(prescriptive republicanism)'로 규정하면서 세 가지 근본적 한계(시민적 참여의 제한, 기본소득에 대한 부정, 중도주의에 대한 우편향)를 안고 있다고 비판하고 있다. 정상호가 보고 있는 '의견'에 대해 그렇게 볼 수 있다는 점을 존중하면서 반론하고자 한다.

첫째, '시민 참여의 제한'에 관한 사항이다. 이 쟁점은 공화주의라는 사상적 견해는 시민 참여에 대해 어떤 입장을 지녀야 하는가 하는 문제 제기로 들린다. 일부 공화주의자들은 공화주의가 '적극적 자유'를 주장하면서 '적극적인 시민 참여'를 주장하는 '진보 좌파적 성향'의 노선으로 오해하는 경우가 많다. 하지만 여러 문헌을 살펴보면 반드시 그렇지 않은 것으로 보인다.

사실 '적극적 자유'를 앞세우며 '적극적인 시민 참여'를 주장하는 노선은 '공화주의'라기보다는 인민 민주주의(populist democracy)나 직접 민주주의(direct democracy)를 강조하는 '공동체주의'에 더 가깝다. '비지배적 자유'라는 '공화주의적 자유' 개념을 부활시킨 모르치오 비롤리

(Maurizio Viroli)와 필립 페팃(Philip N. Pettit)은 자유주의자와 공동체주의자들 중간 사이에 서 있다. 그들은 '소극적 자유'와 '적극적 자유'라는 양극단에 맞서 그 둘 사이에 존재하는 중간적 형태의 '비지배적 자유(freedom as non-domination)'를 제시하고 있다. 비롤리와 페팃이 말하는 '비지배적 자유'는, 자유주의에서 말하는 소극적 자유보다는 적극적 자유권이지만, 공동체주의가 말하는 적극적 자유보다는 소극적 자유권으로서 양쪽 중간 지대의 자유권을 말한다.

'비지배적 자유'를 강조하는 공화주의적 자유는 수단적 참여를 강조한다는 점에서 참여 그 자체를 목적으로 하는 공동체주의가 강조하는 '적극적 자유'와 다르다. 즉 시민들이 공동체의 의사 결정에 직접 참여해 결정하는 자기 통치(self-rule), 즉 직접 민주주의가 지향하는 인민의 자기 지배(self-rule of people)나 인민 다수의 지배(rule of majority) 및 인민 민주주의와도 다르다.

공화주의는 직접 민주주의가 강조하는 적극적 자유권 행사와 달리 다수의 시민들이 선출한 소수의 대표자를 통해 간접적으로 참여해 어느 누구의 파벌이나 계급의 편향성에 지배당할 수 없는 '비지배적 자유'를 위해 견제와 균형 및 공공성을 추구하는 '대의제적 혼합 정부'와 '법치주의' 및 '숙의(deliberation)'를 선택한다는 점에서 특징이 있다.

노동 공화주의와 기본소득 반대

채진원(2025)은 왜 '소극적 자유'에 맞서는 '적극적 자유'에 찬성하지 않고, 중간적 성격의 공화주의적 자유를 지지하게 됐을까? 그것은 『자유의 두 개념(Two concepts of liberty)』이란 저작을 통해 '적극적 자유의 위험성'을 비판한 영국의 철학자 이사야 벌린(Isaiah Berlin)의 견해를 존중하기 때문이다.

벌린에 의하면, "인민 민주주의와 직접 민주주의와 같은 공동체주의처럼, 자아실현을 위한 자율 통치(self rule)나 자기 지배를 강조하는 적극적 자유는 자기 지배를 위한 자율을 너무 나이브하게 긍정적으로 생각하는 모순과 함정이 있다는 것"이다. 그래서 "모두의 자아실현이나 전체의 자아실현을 위해 자신의 자유와 타인의 자유까지 모두 파괴하는 파시즘, 나치즘, 공산주의, 민족주의, 전체주의와 같은 위험성이 나올 수밖에 없다"는 것이다. 적극적 자유를 통한 사회 정의에는 위험성이 있다. 즉, "사회 정의를 위한 민족 해방, 계급 해방, 인류 해방을 추구하는 좋은 민족, 좋은 계급, 좋은 국가를 추구하는 것이 결국 자신과 타인의 자유를 모두 파괴할 수 있다"는 것이다(채진원 2025, 49쪽).

"적극적 자유의 위험성을 잘 보여 주는 예는 도덕적 성인군자 세상을 만들기 위해 자기 수양과 수신제가치국평천하라는 성리학으로 무장한 조선 엘리트들의 정의관과 지배 행태"이다. "조선 선비와 사대부들이 어떻게 선악의 이분법으로 사농공상의 신분 차별을 정당화하면서 상공업을 억제하고 민중들을 지배하면서 폐쇄적인 억압 공동체를 만들다가 서양 근대 세력에게 문호를 개방하면서 국권 침탈의 위기를 맞았는지를 잘 보여 준다."(채진원 2025, 50쪽).

"이처럼, 적극적 자유의 위험성은 개인과 동료의 공동의 자유를 부정하는 금욕이나 권리 포기가 '진정한 자유'라는 논리로 나아갈 수 있다." 특히, "이성의 주체로서 '자기'의 범주를 국가나 민족 및 계급 공동체로 확장하게 되면, 나치 독일의 전체주의, 소련 스탈린의 공산주의, 북한 김씨 일가의 수령독재 등 '자유를 위한 강제'가 '참된 자유'의 이름으로 정당화된다는 위험성이 존재"한다.(채진원 2025, 50쪽).

따라서 채진원(2025)은 공화주의를 수용하는 방식에서 "서구의 마르크스주의나 민중(인민) 민주주의 및 직접 민주주의에 스며들어 있는 '적극적 자유'의 위험성이나 성리학의 '적극적 자유'의 위험성을 더욱 강화시키는 방향으로 진보 및 좌파 이데올로기를 수용하지는 않았는지를 점검해 볼 필요가 있다"(채진원 2025, 51쪽)라고 지적한다.

둘째, 정상호는 '기본소득'을 반대하는 채진원의 입장에 대해 우편향이라고 비판하고 있다. 과연 그럴까? 이런 비판 역시 공화주의는 기본소득에 어떤 입장을 가져야 하는 가를 묻는 질문으로 들린다. 채진원이 '이재명식 기본소득'에 반대하는 이유는 무엇일까?

그것은 공화주의의 경제적 기반을 다루는 경제 정책에 있어서는 기본소득 대신에 '동일 노동 동일 임금제'를 받아들이는 것과 같은 이유로 보인다. 채진원은 핵심적으로 '마이클 샌델(Michael Sandel)식 공동체주의적 공화주의'가 아니라 '알렉스 구레비치(Alex Gourevitch)식 노동 공화주의(Labor Republicanism)'를 수용하고 있기 때문으로 보는 게 적절하다.

구레비치가 주창하는 노동 공화주의의 골격은 단국대학교 신은종 교수에 의해 『19세기 노동기사단과 공화적 자유』(2022)로 번역되어 출간된 바 있다. 구레비치는 공화주의 가치를 노동을 중심으로 사회 경제적 영역에 확대 적용함으로써 공화적 자유를 확장하는 새로운 사유를 전개한다. 특히 시민을 노동하는 주체로 상정하고, 노동 과정 및 이를 둘러싸고 있는 사회 경제적 체제에서의 부자유에 대해 근원적 문제를 제기함으로써 '현대 자본주의 체제의 공화적 변형(republican transformation)'을 꾀하고 있다.

노동 공화주의의 특성과 의의를 소개하고 있는 신은종의 관점은 2017년에 『산업노동연구』 23권 3호(1~39쪽)에 게재된 "노동공화주의의 이론적 성과와 한계"에 자세하게 소개되어 있다[이하 신은종(2017)으로 축약]. 신은종(2017)은 노동 공화주의가 '기본소득'에 반대하고 '협동 생산 체제'를 강조하는 이유를 다음과 같이 설명하고 있다. 노동은 소득의 원천이라는 수단적 의미를 넘어 자기 삶을 실현하는 중요한 지평임을 고려한다면, 기본소득이 보장하는 노동하지 않아도 돈을 받는 것처럼, '노동 시장 탈퇴'라는 선택지는 '공화적 자유'를 온전히 회복할 수 있는 대안으로서는 부족하다는 점이다.

왜냐하면 기본소득이 작업장과 일터라는 삶의 공간에서 '공화적 자유'를 어떻게 확보할 것인가에 대한 적극적 대안을 결여하고 있기 때문이다. 따라서 노동 공화주의는 기본소득을 대안으로 제시하는 '마이클 샌델식 공동체주의적 공화주의'의 소극성을 극복하고 노동과 삶에서의 사회 경제적 자립을 위한 근원적 대안으로 '협력 생산 체제(cooperative production system)'를 제시한다.

구레비치에 의하면, 노동 공화주의에서 강조하는 '협력 생산 체제'는 소유보다는 통제에 초점을 둔 사유다. 이는 사적 소유를 권리로서 인정하되 소유권을 행사하는 방식에 대한 공화적 통제가 더 중요하다는 입장으로 해석할 수 있다. 생산 수단의 사적 소유 철폐를 착취의 근원적 해소 방안으로 사고하는 마르크스주의와도 구별되는 지점이다. 노동 공화주의의 이론적 공헌 중 하나는 소유권을 긍정하면서도 행사 방식에 대한 민주적 통제를 통해 지배 문제를 극복할 수 있다는 점을 이론적으로 체계화한 것이다. 소유권 변혁보다는 사적 소유의 민주적 통제를 통한 '노사의 공화적 협력 제체'를 중시한다.

이런 노동 공화주의의 관점은『거대한 전환』을 쓴 폴라니의 사상과 맞닿아 있다. 노동 공화주의가 말하는 이런 '협력 생산 체제'는 '종업원지주제(employee stock ownership plan)'나 '종업원 소유 · 경영 참가 제도'로 응용될 수 있다. 특히, 이것은 2020년 미국 민주당 대선 후보 경선에서 버니 샌더스(Bernie Sanders)가 공약으로 제시한 노동자 소유 지원법, 약칭 '워크 법(WORK ACT)' 그리고 영국 노동당의 2019년 총선 공약인 '포용적 소유기금(Inclusive Ownership Funds, 이하 IOF)'으로 활용될 수 있다.

셋째, 채진원의 시각이 '우편향적 중도주의'라는 정상호의 비판이다. 정상호는 '왕정을 타도한 공화정에서 나온 공화주의가 진보적인 노선이 되어야 하는데, 채진원은 왜 중도주의적 공화주의를 표방하고 있는가?' 하는 문제 제기로 들린다. 이 부분 역시 혼합 정체를 추구하는 공화정의 특성 그리고 경제 양극화와 정치 양극화를 대하는 태도에 대해 오해한 것으로 보인다.

여기서 '혼합정'이란 아리스토텔레스의 언급대로 과두정과 민주정을 절묘하게 혼합한 정체를 말한다. 혼합정은 오늘날로 말하면 혼합적 헌정 정부(mixed constitution government)를 뜻하는 공화정(republic)과 같은 것이다. 아리스토텔레스는『정치학』에서 '민주 정체의 중우정으로의 타락'을 막을 최선의 정체로 혼합정(polity)을 제시한 바 있다.

그는 혼합정을 부자가 지배하는 과두정과 자유 시민이 지배하는 민주정을 중도(to metrion) · 중용(to meson) · 중간적으로 잘 혼합해야 하는 것으로 보았다. 특히, 아리스토텔레스는 경제적으로 부자와 빈자의 양극단이 아닌

두꺼운 중산 계급을 중심으로 혼합하는 것으로 보았다. 그리고 정치적으로도, 더 이상 민주 정체도 과두 정체도 아닌 것처럼, 마치 '제3의 길'과 같은 '새로운 정부 형태'로 혼합되는 것으로 이해했고, 그것을 가장 '훌륭한 정체'로 보았다는 점이다.

정치 양극화와 중도 공화주의

채진원이 중도주의나 '제3의 길'로서 공화주의를 보는 이유는 위와 같은 아리스토텔레스적 접근에서 기인한 것이다. 특히, 채진원(2025)은 민주 정체로 번역되어야 할 데모크라시를 '완벽한 체제'로 보지 말고 공화주의로 보완되어야 할 '불완전한 체제'로 볼 것을 제안하고 있다. 즉, "아리스토텔레스, 마키아벨리 등이 정립한 '정체 순환론'에 의하면, 민주정은 군주정·귀족정보다 나은 체제이지만 최선의 체제는 아니다. 최선의 체제인 혼합정이나 공화정보다 낮은 수준의 '견딜 만한 체제'이다. 즉, 혼합정의 타락한 형태로서 데모크라시는 중우정으로 타락하는 한계, '다수결의 폭정'으로 타락하는 한계, 다수파와 소수파가 정쟁하면서 공공성을 무시해 '인민독재로 타락하는 체제'라는 역사적 한계"를 갖는다.(35쪽).

처진원(2025)이 중도주의적 공화주의를 주창하는 배경에는 한국 정치를 지배하고 있는 진영 논리에 따른 정치 양극화를 보는 관점에서도 특성이 있다. 그는 "정치 양극화란 단순히 진보와 보수가 이념적으로, 당파적으로, 정서적으로 갈라지는 게 아니라 정당 간 또는 정당 내부의 중간지대(middle ground, gray zone)에 있는 중도 성향의 유권자 비율이 줄어들면서 진보는 극진보로, 보수는 극보수로 극단적으로 쏠리면서 양쪽 극단의 입장만 과대 대표되는 현상"을 말한다. 즉, "정치양극화란 정치적 경쟁이 일반유권자와 중도층을 겨냥하기보다는 극단적인 양쪽 끝을 향해 치우치는 분극화 현상으로서 민주주의의 정상화를 위해서는 반드시 극복의 대상이 되어야 함을 의미한다"라고 말한다(268쪽).

채진원(2025)은 정치 양극화의 극복을 위해서는 중간지대에서 이탈한 중도 유권자층을 다시 불러들이는 애덤 스미스의 '동감의 원리'처럼, 공감에 의한 신중하고 절제 있는 언행 사용을 강조한다는 점이 특성이다. 그는 "상대를 극우, 파시스트, 좌익 빨갱이, 종북 좌파 등으로 악마화하면서 마녀사냥하는 혐오 · 증오 발언부터 자제하는 게 필요하다. 진영 논리에 영향을 받는 정치권과 시민들은 중간 지대에 있는 중도층 유권자로부터 인정받고 공감받기 위한 겸손과 절제 속에서 상대에 대한 혐오감을 줄이면서 동료 시민으로서 동감 의식을 확대하는 포용적 언어 사용이 필요할 것"이다고 본다(272쪽).

마지막으로 여러 공화주의자들이 서로 교류하고 연대하기 위해 함께 고민해야 할 의제에 대해 제언하고자 한다. 첫째는 '한국적 공화주의노선'을 정립하는 데에서 데모크라시와 리퍼블릭의 차이에 대한 연구가 필요하다. 과연 공화주의는 민주주의와 같은 것인지, 다른 것인지 같다면 어떻게 같은 것인지, 다르다면 어떤 측면에서 다른 것인지에 대한 입장을 밝힐 필요가 있다.

둘째는 '한국적 공화주의' 노선을 정립하기 위해서는 서양의 공화주의 개념과 제도를 한국에 기계적으로 적용하거나 이식하는 '이식론적 태도'에서 벗어날 필요가 있다. 이를 위해서는 무엇이 한국적 공화주의 발전을 가로막고 있는가를 찾아내고, 자생적 발전을 도모할 수 있는 대안적 접근을 제시할 필요가 있다. 단적으로 채진원(2025)은 한국적 공화주의 노선을 정립하기 위해서는 민주 공화국의 자생적 발전을 막고 있는 것으로, 한국 정치를 주도하고 있는 586 정치인의 세계관인 '유교적 습속'을 분석하고 이에 맞설 것을 제안하고 있다. 한국 정치를 지배하고 있는 586

정치인의 세계관을 공화주의와 거리가 먼 전근대적인 '유교적 습속'으로 보는 채진원(2025)의 시각을 비판적으로 검토하는 가운데, 이에 대한 다양한 진단과 처방 제시가 필요해 보인다.

특히, 채진원(2025)은 21세기 글로벌 시대에 586 정치인을 지배하고 있는 '유교적 습속'은 '나는 옳고, 너는 틀리다'는 이항 대립적인 세계관으로 진영 대결과 정치 양극화를 부추기고 있고, 국제 관계를 보는 대외 인식에서 17세기적 '소중화적 주체철학'의 세계관을 드러내고 있다고 지적한다. "소중화적 주체철학의 영향은 오늘날까지 정치 문화와 586 출신 정치인들에게까지 무의식적으로 뿌리 깊게 잔존하면서 이어지고 있다. 대표적인 예는 중국과는 가깝게, 미국과 일본을 멀리 하려는 이재명 더불어민주당 대표의 외교 · 안보관이다."(55~56쪽). 이 부분 역시 비판적으로 검토해 보길 바란다.

지은이

안병진

경희대학교 교수. 뉴스쿨 포 소셜 리서치 정치학 박사. 중앙일보, 한겨레신문, 경향신문 등의 칼럼니스트를 역임했다. 미국과 한국 정치를 비교하며 "생태 공화주의" 등의 대안적 담론을 제기하고 있다. 공화주의의 새로운 제도적 구상으로서 『제4부의 상상력』(2024)을 출간했다. 윤석열 대통령 탄핵 정국에서 ≪뉴욕 타임스≫ 등 해외 미디어들과도 수차례 인터뷰를 수행했다.

임채원

경희대 인류사회재건연구원 특임교수. 서울대 종교학과 졸업, 동 대학원 행정학과 석사 박사 수학. 경제인문사회연구회 기획평가위원장을 맡아 문명과 국가, 인류 문명, 국가론, 정책 어젠다를 연구했다. 현재 동아시아 국가론과 동아시아 공화주의를 연구하고 있다. 저서로는 『사회투자국가』(2007), 『공화주의적 국정운영』(2008), 『시민적 공화주의』(2017) 등이 있다.

장은주

영산대학교 교수. 서울대 철학과 및 대학원 졸업, 독일 괴테 대학교 철학 박사. 참여사회연구소장을 맡았다. 민주적 공화주의에 입각한 한국 민주주의의 혁신에 대해 연구하고 있다. 저서로는 『시민교육이 희망이다』(2017), 『공정의 배신』(2022), 『공화주의자 노무현』(2024) 등이 있다.

정상호

서원대학교 교수. 고려대 정치학 박사. 충북참여자치시민연대 정책센터장. 문재인 정부 대통령 직속 정책기획위원회 위원을 맡았으며 정당과 시민사회(NGO), 민주주의를 중심으로 한국 정치의 대안을 모색하고 있다.

채진원

정치학자. 한국정치학회 이사. 현재 경희대 공공거버넌스 연구소 교수다. 경희대에서 정치학 박사 학위(비교정치학)를 받았다. 경희대 후마니타스칼리지 전담교수로 '시민교육', '세계시민교육', 'NGO와 정부관계론', '정당과 선거' 등을 강의했다. 한국주민자치학회 학술부회장을 지냈으며, 한국정치평론학회 연구이사, 공화주의 아카데미 이사장을 맡고 있다. 주요 저서로는『무엇이 우리 정치를 위협하는가』(2016), 『공화주의와 경쟁하는 적들』(2019), 『제왕적 대통령제와 정당』(2022), 『조국사태로 본 586 정치인의 세계관: 유교적 습속과 행태』(2025) 외 다수가 있다.